美国宪制政府

Constitutional Government in the United States

〔美〕伍德罗·威尔逊 / 著

宦盛奎 / 译

目　　录

序言 /1

第一章　什么是宪制政府 /1

第二章　美国在宪法发展中的位置 /36

第三章　美利坚合众国总统 /79

第四章　众议院 /121

第五章　参议院 /163

第六章　法院 /206

第七章　州政府与联邦政府 /248

第八章　美国的政党政府 /283

序言

我不打算在这些演讲中系统探讨美国政府的特性与运转。它们的目标仅仅是要从一个全新的观点,根据对宪制政府特征与运转的全新分析,来介绍美国政府的一些更为显著的特征。正因如此,希望读者认为它们有助于澄清我们关于政策及实践的观点。

伍德罗·威尔逊

新泽西州普林斯顿,1908 年 3 月 24 日

第一章 什么是宪制政府

在以下演讲中,我的目标是尽可能简单直接地考查作为一个宪政体制(constitutional system)的美国政府,着眼于实践,而非理论。

然而,我们开始时必须在一个理论问题上暂停一下。只有清楚界定了我们所谓"宪制"(constitutional)政府的含义,作为一个宪政体制的美国政府才能够得到明智的讨论;并且,该问题的答案其实是一种政治理论。

当然,我们所指的宪制政府,并不只是意味着政府依据一部确定的宪法来运行;因为我们思考所针对的每一个现代政府,都拥有成文或不成文的确定的宪法,而我们不能梦想称所有的现代政府都是"宪制的"。甚至于当现代政府的宪法都是由最确定无疑的表述写成时,也不能够这么说。英国宪制,是最为著名的宪制政府,从某种意义上而言还是所有宪制政府之母,它没有诉诸文字;俄国宪法,也许不会改变其沙皇统治的基本特性。宪制政府,是指其权力适应于人民利益且适应于个人自由维护的政府。总之,当谈到宪制政府时,我们频繁使用却很少分析这一概念。

大体而言,可以说宪制政府起源自兰尼米德(Runnymede),当时英国的贵族向约翰王强行索取(exacted)《大宪章》;并且,这个著名的协议可以作为我们探寻类似理论与实践的戏剧化体现。贵族同约翰王在兰尼米德会晤,一群全副武装的人谋划一场谈判,如果谈判最终不如他们所想的那样,那就不会结束,这不过是叛乱的前奏而已。他们并没有要求新的或更好的法律,而是要求公正且始终如一地实施他们认为已经建立起来的法律,这是其作为英国人在无法追忆的时代以前就与生俱来的权利。他们发现约翰王反复无常、专横跋扈、不值信任,绝对不能指望他遵循任何固定的先例,或用任何共识来约束自己;他是一个说谎大师,对任何人的权利都不会尊重,只是顾及自己的意愿;贵族们来和约翰王进行一场最终的清算。所以,他们相信约翰王亲手签署的《大宪章》——一份明确的文件,它提到曾经被无视的权利,自此以后它们应当受到尊崇;提到迄今为止仍旧存在的肆意行径,它们必须停止,并完全得到纠正;它提到被遗弃太久的古老方式,国王必须回归这一方式。贵族们的提议是这样的:"以君主的身份给我们神圣的承诺,在所有与我们打交道的事务上,这一文件将成为你的向导与准则。用你亲笔签名所附随的庄严形式为这一允诺作证,准许我们中的特定人组成委员会,用来监督协议的遵守情况,这样我们所有人就是你爱好和平且顺从的臣民。拒绝它,我们就是你的敌人,解除了我们的忠诚义务,可以自由选择一个为其所应为的国王来统治我们。"他们的剑在鞘中躁动不安,约翰王别无选择,惟有签署。这些条款是政府在英国人中得以运行所依据的仅有的条款。

这就是宪制政府的开端,并以其最简单的形式表明了这种政府的性质。正是在兰尼米德,一个民族与其统治者达成协议,且一劳永逸地建立了这一理想的政府,亦即我们今天所称的"宪制"——政府的行为建立在将要服从它的人与将要实施它的人之间的明确协议之上,如果需要的话会形成正式的契约,其目的是为了将政府打造成公共利益的工具,而非一个专横、任性的主宰者肆意妄为的工具——而且特别是要以保护个人自由为目的。

《大宪章》的不朽贡献,在于将个人自由规定在根据法律对它们进行的调整之中。《大宪章》的签订之日,并非人们提及政治自由之日,并非人们遵照既定政治改革计划而行之日;然而,现代世界中宪制政府的历史,即政治自由的历史,即人们争取政府改革的所有历史,而且,关于自由是什么,人们有权期望从中得出一个至少是可行的概念。当然,英国的历史文献以及众多的公众人物,为不同双方界定政治自由提供了丰富的材料。柏克所言切中肯綮:"如果有任何人问我什么是一个自由政府,我的回答是,就是人民认为是自由的政府。"《独立宣言》以相同的意思发声。我们认为它是一个高度理论化的文件,但除了宣称人人平等之外,它并非如此。它相当切合实际,甚至在自由的问题上都是如此。像是弗吉尼亚宪法以及这一时期的许多其他文件一样,它列举了"不可剥夺的权利",诸如人们生存、自由以及追求幸福的权利。但它明确这些问题留给每一代人自己去做决定:人们如何处理自己的生活? 对于他们的自由,人们心仪的形式和实体(form and object)是什么? 人们所追求的幸福当中有何内容? 对于殖民地脱离母邦的权利,它主要的正当性理由,即在宣称人们任何时候都有根据自身的喜好和环境,决定自己所隶属的政府是否建立在这些可能达成他们安全及幸福的原则之上,以及是否根据这些可能达成他们安全及幸福的方式进行管理。简而言之,政治自由是那些被统治者根据自己的需要和利益来调整政府的权利。

这就是宪制政府的哲学。正如柏克所说的:每一代人,都在他们前面树立一些心仪的目标,将这些目标视为自由和幸福的本质来追求。世代相传的自由理想不能僵化不变;只有其概念可以长存,它是自由的整体影像(large image)。固定于无法更改的法律之中,自由将不复存在。政府是生活的一部分,就生活而言,政府必须要有改变,它的目标和实践都必须要有改变;只有这一原则应当保持不变——这一自由原则,必须具有最自由的权利和机会进行调整。政治自由存在于政府权力与个人权利之间最切实可行的调整,为了事务的缓和与进展,为了民众满意,改变这种调整的自由与调整本身同等重要。

如果需要说明,我们可以通过许多类比来阐明这个观点。当我们说一艘船快速行驶过水面,"它的航行是多么自由啊",我们的意思是它在根据风力多么完美地调适自身,它是多么完美地顺应着鼓满风帆的空气。如果让船逆风而行,我们会看到它是怎样停顿和颠簸,风帆是怎样颤栗,整体框架是怎样摇晃,怎样转瞬就"戴上镣铐"(in irons)*了,这是航海中一个富有表现力的短语。只有当你让船只再次改变航向(fall off),再一次完美适应于它必须服从、不能抗拒的力量时,它才是自由的。当我们提及制作完美的机械中活塞杆"自由"运动时,我们当然知道它的自由与其完美的调适功能是一致

---

* in irons 为航海学用语,意指(帆船等)转动不灵,不能转变帆的吃风方向。——译者注

的。稍稍缺乏调适,就会使它因摩擦而生热,并且使它不够灵活、难以操作。在一个由无数的力构成的世界,没有什么事物在不受约束的意义上而言是自由的,并且,每一种力在与其周围的力调适到最佳状态时才是事物处于的最佳运动状态。精神世界的事物与物质性的东西并不能完全相类比,而政治自由属于人类精神世界的事物;但我们称事物中的摩擦影响到我们的精神状态,并不会觉得这完全是一种修辞说法。因而,称摩擦最少的政府——在政府权力与公民权利之间有着最少的摩擦——为自由的政府并非是在牵强附会。世世代代的调整或有变化,但这一原则永不能变。宪制政府,作为维护个人自由的工具,是一种维持正确调整方式的手段,必须具备不断调适的机械设备。

正是在人们见证《大宪章》在英国制定签署的时代,匈牙利人也目睹了一个类似协议的签署,英国学者往往未能充分留意到这一点。《大宪章》签署于1215年,七年之后的1222年,匈牙利的马扎尔贵族从国王那儿强行索取了《金玺诏书》(the Golden Bull),这一纸文书恰巧与《大宪章》有着异常相似的言语,那些在匈牙利为权利而斗争的人总是回顾这一文件,正如英国人回顾《大宪章》一样。然而,在《大宪章》与《金玺诏书》之间存在两个显著差异,这些差异值得斟酌片刻,因为它们对我们所要讨论的问题——宪制政府的性质——而言很重要。虽然匈牙利与英国开端相似,但是它没能获得宪制政府,而英国得到了。毋庸置疑,主要原因在于匈牙利的贵族为了一个阶级的特权而斗争,而英国的贵族为了一个国家的权利而斗争,并且,英国人并不是要寻求建构任何新的法律或权利,而是要恢复和重建他们已经拥有且害怕失去的法律或权利。另一个同样重要的原因就是英国人为维护协议提供了组织机构,而匈牙利人没有。

当然,英国议会的起源可以追溯到1215年之前,但是,孟福尔(Simon of Montfort)于1265年创立并由爱德华于1295年批准的议会,才首次收到并接受(received and accepted)这一委托:在《大宪章》奠定的基础之上,反对国王恣纵己意,保护英国人的自由权利与自由选择;直至这种国会得以成立,贵族们才同各郡的市民与骑士(burgesses and knights)携手,在一次又一次迫使国王续订《大宪章》的同时,他们也通过本阶层所委派代表的警觉性来预防违反《大宪章》的行为,确保誓约得到信守。他们拥有讲究实效的天性,深知一纸承诺不过是一纸承诺,除非要求权利的一方与行使权力的一方同样警惕,同样严阵以待。匈牙利的贵族没能提供类似维持及调适的机构,结果失其所得。无疑,自由的议会与明确的宪章同样重要。

然而更深层次的是另一种差异,从某种意义上来说,是更为重要的。兰尼米德的贵族并不是作为一个阶级替自己说话,而是为每一个等级特权(rank and privilege)的人说话。并且,他们的要求并不是任何新颖的东西或自身的独特偏好,而是那些他们认为与忏悔者爱德华同样古老的权利。他们的发言并不是基于理论,而是出自实践经验,目的是为了维护特定的权利,他们认为这些权利是自己在很久以前就拥有的。他们坚称政府应当与真实的生活相适应,与他们真实的实践相适应。所以,《大宪章》并没有提及新的权利。它没有赋予任何东西,只是提供防范的措施。《大宪章》提供程序,并且矫正弊端。它并没有宣称人拥有自由和权利的途径应当为何,它只宣称限制国王的政府,应当留意对英国民众已经享有的这类自由及特权企图进行删减的行为。让我们以著名的第29条为例,这一条只字不提授予任何人以生命权、自由权以及财产权:它认为每一个人拥有这些权利是理所当然的,如同我们《独立宣言》所做的那样,它简单地规定:"任何人,未经其同等地位的人以及国家法律的裁判,皆不得被剥夺生命、自由或财产。"它试图规范权力的行使,尽可能让权力得到安全便捷地运行,与普遍利益相适应,这种普遍利益是每一个人利益的总和。个人不应当由国王的随心所欲的专断来处置,而是由与他同等地位、同类或同业界(interest)的人公正地进行处置,并且由平等对待所有人的法律进行公平、直接的处置。

考查讲英语国家的宪法性文件,你将会发现它们具有共同的心态、共同的行为方式,其目的永远是一种约定,就像是商业行为一样:没有关于自由的抽象陈述,没有赋予特权或政治权力的矫饰伪装,一直具有的是关于限制和程序的陈述,是政府应当如何行动以及应当如何对待个人的程序规定。以美国宪法前八条修正案为例,看看当初各州坚持主张加进宪法中自由的特性。这种自由的整体精神与态度,都彰显在它们务实的用语当中。"人民之人身、住房、文件与财产,不受无理搜查与剥夺之权利不得侵犯,且除非依据宣誓或代宣誓宣告证明之一定理由,并开列所须搜查之地点与住所须扣押之个人物品外,不得颁发拘捕扣押状。"这是第四修正案中克制的语言,只是拒绝政府恣意行使不合理的权力。第五修正案的文字也同样务实且明智:"无论何人,除非根据大陪审团的报告或起诉书,不受死罪或其他重罪的审判,但发生在陆、海军中或发生战时或出现公共危险时服役的民兵中的案件除外。任何人不得因同一犯罪行为而两次遭受生命或身体的危害;不得在任何刑事案件中被迫自证其罪;不经正当法律程序,不得被剥夺生命、自由或财产。不给予公平赔偿,私有财产不得充作公用。"每一个条文都具备同样的实用性质。这类规定使宪法成为一种协议,同《大宪章》一样,既切实可行又令人可以接受。宪法是统治者与公民之间在更关键的往来上的一组明确的约定,涉及特权运行的线路、个人权利起始及政治权力终止之处。

整个宪法的历史都同样关注界定、程序以及机构,原则问题仿佛都被认为是理所当然,没人会质疑人应当自由,没有人会质疑他们的利益要根据政府的权力得到公正地调整,没有人会质疑要牢固地防止政府可能造成的侵犯。机构问题、路径与方法问题,在宪政体制当中显然具有无比重要的地位。此类体制建立在对统治者与被统治者之间关系边界明确的协议之上。没有宪制政府会缺少对这一协议明确的书面声明条款,正如包含在《大宪章》中的那些条款一样。重要的是这些条款必须清楚无误,这不仅因为可以避免对其意义和内容产生分歧,而且是为了能弄清楚需要采取何种措施来实施这些条款。并且,与条款自身的定义一样,在实践当中维护条款的手段也不可或缺。这就是英国宪制史以议会发展为中心的原因所在。

直到1688年革命之后议会才成为现代英国人所看上去的那样,由于它可以制定的法律而成为观瞻所在。

十八世纪过去一半的时候,议会才变成如今这样,成为内阁的组建者和更换者。作为宪制政府的一个机构,议会在六百年里至少有四百年的时间仅仅被视作国家的"大陪审团"(grand assize)或大会议(great session),其功能在于批评和约束,集聚一起确保被认为是英国生活所依赖的条款得到国王及其臣子谨慎地遵守。这个想法时常变得含糊不清,这个国家屡次丧失了自己关于议会含义的意识。同时,议会本身也在数代的时间里忘却了他们自己的责任和义务。但是在事务的重要关头,整体的情感冲动和观念又得以重见天日,伟大的传统从来不曾失去。

当我们提及"立法"会议、"法律制定"会议的时候,我们总是对冗长的争论很不耐烦,而且会嘲讽议会团体不能完成它们的"任务"。我们同卡莱尔(Carlyle)先生一起辛辣地嘲讽"清谈俱乐部",嘲讽议会日复一日地进行永无休止的讨论,而不是辛勤地从事那些他们聚集在一起要"做"的事情。然而,对代议制议会持这样的态度,就全然忘记了它们的历史以及首要目标。代议制议会旨在成为清谈俱乐部。"议会"(parliament)这一名称表明了它们的职能,这并非偶然,它们的目标是与那些管理国家事务的人进行的盛大会谈:会谈关注的是法律、行政行为、国内外的政策与计划,目的是为了不让违反共同协议的任何内容在没有评论和非难的情况下通过,为了坚持国家所需要的措施、抵制国家不需要或者可能遭受损害的措施。议会的目标是提供警惕性的批评,讨论那些能够揭露政府整体意图的东西,并且向管理政府的人告知国家真实的感受和渴望,以及诸多不安的最高统治者(uneasy monarch)透过言行所表明的政府的履职情况。

代议制议会的原初目标是指挥(conduct)政府,我们与这个原初目标相去甚远。当然,政府在很久以前就由行政机关指挥,英国民众对此渐渐习以为常,而议会是要支持这些机关,并且为它们提供金钱,对强化政府所需的立法或者管制(regulate)国家事务的立法表示同意,无论是公共的还是私人性质的。议会的职能是共同商议;他们的行为准则是宪制体制中年代久远的协议——宪制体制是基于协议之上的体制,该协议是书面的,或是隐含于英国人生活的实践与原则之中。人们期望议会在这些协议得到满足时能够予以赞成,在它们被忽视时则予以拒绝。议会在政府以及权力的行使面前要表达国家的良知。

回顾历史,就是回顾整个过程中的基本观念,以及理解我们自己的制度体系,因为它们不能够以任何其他的方式来理解。议会只有经历缓慢且迂回的发展过程——至少英国的议会是这样,它是所有其他议会的典范——才开始掌握及行使立法权。除了对从国王处提交给它的新法案给予赞成或拒绝以外,议会与立法还能有其他的关系,当人们认识到这一点的时候已经过去许多世代了。随着时间的推移,议会频频发现提交给他们的法律是模糊的一般条款,议会认可之后,在解释和实施中又赋予了条款不同的范围和色彩;最终,这一实践导致下议院领导人要求法律在呈交议会时,要拥有它在实施时的完整形式和语句。从这里到坚决要求修改不符合议会要求的制定法,是一个简单的步骤——通往修订的简单步骤;但是,这是议会花了很长时间才迈出的一步,并且,即使议会迈出这一步,他们还经常忍受国王的大臣制定修正案之苦,经常发现自己又一次遭受欺骗,他们真实的目标被制定的条款所击败。即便如此,议会在很长一段时间之后才着手起草"法案"或提出他们自身的建议,经过更长的时间,首次提交议会讨论和选择的每一件法案中都具有准确的用语才成为固定的惯例。如今,议会在所有重要问题上的立法有来自王国大臣们的建议,并且由政府法律官员起草。现代英国的内阁其实只是下议院的委员会,随着政党轮换及多数党的改变而组建与更换;但是,议会就其更主要的方面而言仍然是国家的大陪审团,聚集在一起并不是为了要发起事务,而是要将国民的心愿告知政府。

我们自己的立法机构也具有同样的特征和起源。它们自由活动的范围及职责都源自殖民地法律、宪章的先例与实践,以及时代与地域的环境,有着类似的成长过程,基于类似的认识之上。柏克的著作当中有一个段落,以精准的历史洞察力解释了它们的成长与性质,这些立法机构几乎是不知不觉地沿着英国议会的模式成长。柏克所主张的这些内容,是为美国自治政府反对英国议会侵蚀所做辩护的一部分,在一个更为冷漠的年代里,没有人的著作能够超过这一分析。

显然,议会这个代议机构不仅具有自由批评的权力,而且还可以独立行动,替被统治者发声,享有国王、总统或任何官员都不能质疑或否认的权威,构成宪制政府制度配置中不可或缺的一部分。我们有时赋予"制度"(institution)一词非常不自然的重要性。用历史学特别是政治史学的说法,一项制度只不过是一个既定惯例,一个处理生存环境或政府事务的习惯方法。有许多根深蒂固的制度存在着,可是法律却对它们一无所知。为了让美国总统一职拥有令人满意的候选人提名方式,我们的政党领导者们创造了全国代表大会,而且这已成为我们的制度之一,尽管在宪法或任何成文法律当中对它全然没有规定。维护执政者和服从者之间的协议是一件棘手的工作,因而,宪制政府的成长,就是改善这件工作的制度、实践以及方式的成长。宪制政府的目标,就是使得政府每一部门能动、有计划的意图与普遍流行的思想与要求相一致,由此将其变成国家均衡发展的中立的机构;并且让政府运行因此体现舆论的影响力,既具有稳定性又具有清廉功效地适应于普遍利益。无论什么样的制度和实践满足这些目标,都是这一体制所需要的。那些不能满足或者不能完全满足这些目标的制度,应当放弃或改善。可以说,宪制政府的历史,就是一场实现这些完美调适的探索性实验。

议会功能的现代发展,在许多方面与实践真正的起源与目标格格不入,与它们产生于其中并且具有正当性的制度体系格格不入。我们不再将它们视作集中起来与政府磋商的机构,为的是在同政府计划要做或正在做的事情上向政府报告国家的舆论。我们不再将它视作是政府之外的机构,设置的目的是批评、约束以及指导政府,而是将其视为政府的一部分,它是立法部分,是政府的起始。我们曾经称之为"**政府**"(Government)*的,

---

* 在威尔逊看来,Government 与 government 的区别至关重要,不能混淆。前者是在较狭窄的意义上使用的,"人们期待它积极主动,作出政策抉择,并且在事实上支配着国家的生活"(参见第四章),对英国而言,内阁即 Government;但美国的 Government 则由行政部门以及参众两院构成。后者指的是整体意义上的政府。本书将 Government 及 government 都译作"政府",在较狭窄的意义上使用的"政府"以粗体标示。——译者注

现在只是将其称为"行政部门"(executive),且与实施议会创设法律的工具相差无几。我们的法律中充满了行政方面最微小的细节,规定了行政官员的职责以及制定法付诸实践时巨细靡遗的步骤,所有的政府控制手段似乎都落入到曾经只是其监察官(censors)的人手里。当然,即使对宪制政府进行最为粗浅的分析,必然也会推论出那些执行国家法律并且引导国家政策的人,在其行动范围内必须严格地服从法律,非常严格地遵守体制中规定的程序及协议;但是,这绝不会得出这样的结论,即他们应当处于管束之中并且应当沦为仅仅是议会代理人的角色。议会在使用这种新做法及新观念时存在不便与反常,其中诸多不便与反常在随后对我们政府实际操作进行的考察中显露无遗。

探究这类事务就是设法深入接近宪制政府最本质的东西。但是,当从社会、国家以及代表它们的议会转向个人时,我们可以更为深入地接近这一本质。无疑,在讨论不可剥夺的个人权利中存在大量的无稽之谈,而且,其中大量的只是些含混不清的情绪和令人愉悦的猜测,它们被当作基本原则提出。个人的权利讨论起来容易,如同曾满足法国领导人的革命狂热、起草并佯装实施的那类宪法一样,在其语句中有着令人愉悦的夸张其辞;然而将它们转化成现实却非常不容易。这些理论从来就不是"法律的",不论它们的名称为何,或者文件中体现的正式授权为何。只有"法律的"理论才能够实施,而人类抽象的权利实施起来异常艰难。尽管有着含混不清的话语以及无效的理论,个体依然无可争议地是自由的源头,是自由第一位的真相。国家由个体构成,政府对待个人的方式是宪制性质最终极且最完善的检测手段。议会不能让一个人自由,一个人的自由存在于自己的行动之中,存在于他同周围人士和权力的交往之中,否则他根本没有自由。没有所谓共同自由这样的东西,自由属于个人,否则就不存在自由。

因此，提供给个人对抗政府非正义行为或毫无根据勒索的手段，是宪政体制整体结构的中心。从现代宪制历史的开端一直到如今，人们拥有一个不变的认同，即宪制政府的要素之一是应当为个人提供一些法庭，他们可以满怀信心地期待依靠这些法庭来发现正义——不仅仅是作为反抗其他个人漠视其权利或试图漠视其权利的正义，而且是反抗政府本身的正义，是针对所有违法行为进行完善的防护。宪制政府是最杰出（*par excellence*）的法治政府。

我并不是在重复马萨诸塞州《权利法案》中著名的一句话，"最终可能的是法治而非人治的政府"。这样的政府从来就不存在。无论你将如何建构政府，政府永远是人的政府，并且任何政府部门都不会比该部门所托付的人要更好。优越性的衡量标准并不是官员行动所根据的法律，而是在适用法律时官员所具有的诚意与智慧，如果他们真的要适用它的话。法院没有游离于这一规则之外。针对个人而言,一个宪制政府几乎等同于法院,不会更好,也不会更糟。宪制政府的法律只是它的宣言,它的法院可能信守这一宣言,也可能不这么做。因而,对位于自由定义中心的个人而言,为宪制政府而奋斗,实际上就是为良法而奋斗,不仅如此,还要为智慧、独立以及公正的法院而奋斗。这些都是有必要的:议会真正代表人民,在指挥政府中为人民说话;只有产生管制国民生活最佳效果的法律才能够制定,或者说应持续有效;行政机关应当受到法律的约束,不仅如此,应当还要有一个拥有重要且独立权力的司法机关,抵御所有腐败或堕落的影响,并且抵御政府行政首脑专断的权力。

其实,在某种意义上,宪制政府全部的效果和真实(efficacy and reality)存在于它的法院之中。政府权力与个人权利之间最切实可靠的调整是我们对于自由的定义。而自由是宪制政府的目标。宪政体制终极且特有的目标,不是在政府与社会之间形成最佳的调整,而是在政府与个人之间形成最佳的调整,因为自由是个人而非集体的。纵观英国历史,纵观给予我们宪制政府的所有进程,如同当今世界知晓的那样,那些争取约束或教化政府的人士领悟到所有转变的真实性,必须在个人诉诸法庭以维护自身权利的机会中得到表现,该法庭既非国家也非社会,而是他们中间的裁判者或法官,或更确切地说是在政府和该人士之间的裁判者或法官,该人士根据一般性的协议主张自己的权利。

不仅要高度褒扬个人,而且同时还要让他自力更生,仿佛将他从管束中解放出来并且相信他能够理解和寻求自身的权利,就是给予他足够的荣誉了,在与宪制政府相关联的事务中,没有什么比这种方式更为引人注目的了,没有更多的东西可以托付给那些理解人类尊严与能力真正基础协议的人了。英国法和美国法的原理是没有人必须要指望政府来照顾他,而是每个人必须自己照顾自己,政府提供手段让人们尽可能优秀,其目的是不要有妨害治安的存在,每一件事都尽可能做得既得体又有序,但政府本身绝不采取主动,绝不让自己的提议介入其中,只是在需要的时候随时准备提供帮助。这样的态度以个人一方的智慧及独立精神作为前提条件:从这样的体制中可以得到智慧,可以创造独立的精神。一个人必须自己寻找法院并寻求救济,正是在这一推动力之下他将承担两方面的事情。这类需求的激励是他所需要的一切,除此之外,还有他自己的冲动和欲望,这些赋予他作为一个自由人的态度和习惯;而设置于这类人之上的政府,必须注意要在自己冒险尝试的所有行动中都拥有权威。

在我们中间,没有特别的高贵与神圣可以与政府的任何官员联系起来,这进一步强调了上述观点及我们的法律目标。我们法律的理论是:一名官员,只有当他在权限范围内行动时才是一名官员,当超越自身的管辖权,他就不再是一名官员,而只是个人了,要为他的过错受到起诉和惩罚。一名官员在没有授权的情况下行使了错误的逮捕行为,会因损害而受到民事起诉,因侵犯人身而受到刑事检控。他已然走出了公职人员的行列,除了自身之外,不能代表任何人,而且他仅仅是犯了一个私人的错误。这不仅是美国法律中的明确原则,而且英国法也同样如此:美国的实践是源自于英国的。这是宪政体制一个合乎逻辑、不言而喻的推论:除了源于法律的权力,除了源于政府与那些被统治者之间达成一致规则的权力,政府的代表没有任何其他的权力。任何人无视法律的限制,就违反了这种体制最基本的预设,并且成为一个纯粹的违法者,不能享有任何特权或豁免。这一原则事实上重申了在兰尼米德形成的看法:"这里是宪章,签署它,并遵守它,这样你就是我们的国王;拒绝签署,违反或忽视它,你就不是我们的国王,只是对我们做了错事丧失国王权力的人,我们成了你的敌人,而且应当寻求救济。"上至国王,下至保安长官,这是人们共同的协议。

剩下的只是要留意所谓宪制政府的氛围(atmosphere),亦即舆论氛围的问题。当然,舆论是任何政府的氛围,不论政府的形式和势力如何:政府只是在舆论影响它们的程度及方式上各有千秋。在任何地方都不存在类似于字面意义上绝对政府之类的东西。十足的暴君是环境的产物,而其中最重要的环境,就是在他周围服从或违抗的意向,无论他是否有意因这一环境而调整自身。人们一定在某些事务上会对他有所期待:他必须永远尊重一些特定的权利,必须永远一丝不苟地关注人们对等级和地位的特定期待。尤其是存在着众多的习惯,其权力疆域,存在于他察觉到的臣民服从意愿和服从能力的极限。如果他试图将对臣民习惯而言过于陌生的规则强加给他们,他们就不能服从了:他们将无所适从,而且会产生反抗精神。对于臣民视为他们生活与幸福中神圣且最本质的内容,如果君主公然冒犯了这一协议,他们就不会服从这一君主。宪制体制和非宪制体制的一个区别在于,在宪制体制中,舆论的要求会得到清楚地表述和理解,然而在非宪制体制中它们模糊不清且是主观臆测的。非宪制体制中的统治者必须要揣测臣民们在何处会对他喊停,试验冒着丧失王座和脑袋的危险;宪制体制的统治者确切知道他一定不能逾越的界限,而且只要没有越过界限,他的权力就是安全的。

在约束非宪制政府统治者的舆论和约束宪制政府统治者的舆论之间,有一个根本的区别:一个是杂乱无章的舆论,另一个是有组织的舆论。一个不过是在传统或习惯稍有动荡时缺乏耐心的骚动,另一个是思想的迅速协调一致,经由那些既懂得怎样引导商议又懂得怎样引导行动的人士表达出来。其实,就专制政府而言,几乎没有任何事情能真正与宪制政府之下所谓的舆论相对应。一位智者将法国政府描述为以隽语(epigram)缓和专制,他的确开创了通往宪制政府的途径之一。当沙龙中所说的意见成为明确机构的批评,当批评变得足够集中和强大,并且充分地融合行动的激情,经常起着修正、指导以及控制权力的作用,宪制政府的发展就已经开始了。

因此,对于宪制政府而言这尤为正确:舆论即空气,它从舆论中获得呼吸和活力。由于生活和环境发生改变,以及相应地舆论变化,世世代代宪政体制的基本协议也在改变。宪政体制不会固定于任何不变的形式之中,而是随着国家需要及目标的成长而成长,随着它们的变化而变化。英国宪制,是世界上宪制政府的首创及典型,除了《大宪章》《权利法案》以及《权利请愿书》中个人权利与特权的声明之外,都是不成文的。换句话说,抛开散落各处偶然存在的法律定义不论,有的只是大量十分明确的舆论。其内容是这个国家的思想和习惯,是它自觉的期望及偏好;而且,围绕一部成文宪法之上,甚至也生成了大量的实践,在成文法中这些实践并没有得到正式的确认和认可,它甚至用许多微妙的方式对体制中成文的规定进行修改,而这也成为舆论实现缓慢转变的工具。倘非如此,相对于活生生的事务而言,书面文件将成为一件过于紧束的衣服。

在这个意义上而言,制度是舆论的产物。如果这些制度不再从人们有意识或习惯性的偏好中获取支持,那么生机与活力就会弃它而去了,人们的实践创造了这些制度。人们的实践一旦发生改变,新制度就会取代原先制度的位置。这就是在一个自由民族赋予公民身份以尊严的东西。每个人的思想都是他所在制度重要内容的一部分。他的思想发生了改变,制度本身可能随之而变。这就是构成公民身份之中如此责任重大且庄重严肃的内容。可以说自由国度中的每一个人,都将荣誉归于这一政体假定其公民应当成为的人:这个人心系公共福利,他的利益与同胞的利益联系在一起,他的责任心拓展到公共事务的领域。在一个自由的国度,每一代人都意识到制度的持久性取决于子孙后代的思想和意向,通过严谨的教育过程,忙于将冲动和构思传给后代,在年轻人身上留下自己的思想,试图让自己的思维结构成为永恒。随着一个人的思想在这些问题上变得明白易懂,老生常谈便产生出新的意义。"自由的代价就是永远保持警觉",当我们给自己的思想穿戴它时,这一俗套的话语便似乎是一件新的衣服。明智警觉指导下的舆论的确正是自由的土壤,所有开明的机构注定要支持它。充满开明舆论的国度将永远是最自由的国度,并在其中栽培着政府的实践。对宪政体制而言,重要的是他的人民会冷静思考,保持一贯的宗旨,思前虑后,而且让其生活成为他们思想的意象。

通过说明宪制政府终极及必要的目标,可以总结我们关于宪制政府的观点:

第一,将普遍流行的思想和需要,纳入到政府每一分支的积极意愿和规划意愿之中,为的是让政府可能成为国家均衡发展的中立机构(impartial instrument)。

第二,因而法律在舆论的影响之下制定,并且根据普遍利益而进行调整,宪制政府既给予这种法律以稳定性,又给予它不受腐蚀的效力。

第三,将与己相关的法律协议以及与政府运转相关的法律协议之实施手段,不偏不倚地交到每一个人手中。

相应地,一个宪政体制中重要元素及制度包括:

第一,对个人自由权利有着或多或少完整且特定的安排——亦即个人对抗社会或其政府的权利——例如包含于《大宪章》中的权利以及附属于我们宪法的《权利法案》;

第二,一个立法机构,它是社会或民众的代表而不是政府的代表:设立这个机构的目的是为了批评、约束

以及控制政府;

第三,受法律约束的政府或行政部门;

第四,拥有重要且独立权力的司法机关,抵御所有腐败或堕落的影响;并且,抵御政府自身的专断权力。　24

第二章　美国在宪法发展中的位置

进一步考察宪制政府的历史将极大丰富我们关于何谓宪制政府的理念。美国政府成立于这一历史令人关注的转折点上，如果在进一步考察美国政府起源时的环境前稍作停顿，我们的分析会呈现出非常多的内容。历史探究有时会令人感到相当乏味，但只有赋予我们所处理的问题以真实的历史背景，才能够让它有生命力。

显然，如果宪制政府是在政府管理者和服从者之间明确协议的基础之上运行，除非一个共同体能支持和壮大这个政府，除非国家这个共同体的机构能够意识到公共利益，并且能够形成共同目标，否则就不会有宪制政府的存在。不能意识到任何联合的民族、无组织体系的民族、粗心大意的民族以及无共同行为的民族，他们既不能形成一个宪政体制,也不能维系一个宪政体制。他们身上有着意识尚未觉醒的懒散,有着不能形成目标的无奈。他们不能形成共同的判断,不能持有共同的目标,不能设法形成共同的措施。只有一个共同体才能拥有宪制政府。尚未成为一个共同体的民族,就不能拥有这种形式的政府。因此,在我们分析的一开始,就必须要对什么是共同体形成一个非常明确的概念,而且应当非常坦诚地问我们自己:能否认定美国就是一个共同体?只有这样,我们才能确定在宪制发展中美国的位置,并且只有实际历史检测才能够回答这两个问题中的任何一个。

25

我们时常将"共同体"一词挂在嘴边,但该词在我们的思想中却很少得到任何清晰的界定。如果要考察它所隐含的假定,我想我们应当同意这种说法:无论什么影响到作为整体的一群人,如果他们不具有共同纽带和共同利益的鲜明意识,不具有生活举止的共同方式与标准,没有对联合与协同行动习以为常,那么这群人在任何真实或实际的意义上都不构成一个共同体。当我们称只有共同体才能拥有一个宪制政府时,我们所说的正是对于该术语的这种理解。不能清楚认识到共同利益的一群人,不能清楚认识到共同生活标准与共同幸福标准的一群人,不能就其政府达成任何令人满意的协议。在自身事务之上没有联合习惯及协调行动的一群人,就不能确保自身免于违反约定的侵害,如果这类约定存在的话。一个民族如果要拥有宪政体制,就必须要拥有这种冲动,并且必须在制度中找到自我表达的途径。

如果要界定我所说的共同政治意识的含义,我将不知所措,然而幸运的是不需要界定它。共同政治意识是每个人富有想象力的观念的一部分,只要其心灵在所有历史和社会经验领域内游历。在我们所有人之中,它都是一个既明确又微妙复杂的观念。我们知道,血统相同,但相同事件不能带来同样兴奋的人们,不是一个共同体;目标与意识相同,但相同事件不能带来同样影响的人们,不是一个共同体;在自身事务的每一个转折关头,遭遇紧急事件却不能够形成解决途径以及执行措施的人们,不是一个共同体。在我们政府的组建问题上,你会记得托克维尔的这些佳句,他带着羡慕与惊奇,称各殖民地的民众用批判的眼光转向自身政治体制中的严重缺陷,好像他们不是在检测自己的体制,而是在检测他人的体制,而且"不流一滴泪,不流一滴血"地纠正这些缺陷。人们越是拥有关于自身事务的共同意识,就越是能够解决这些问题,并且能够建立一个持续存在的政府。那些能够解释殖民地人能力的历史环境,同样能够解释美利坚合众国政府的特征,以及明确说明他在宪制发展中的位置。美利坚合众国是怎样形成一个共同体的?在一个共同体发展进程中,其意识到达什么程度,在什么事务中产生这样的意识?他的机构是如何回应这一发展的？如今这些机构是如何保持与这一发展相关的状态？也许可以预期这些问题的答案能阐明我们全部的疑问。

从我们当前研究的观点来看，大体而言，可以说政府经历了四种发展阶段和形式：第一阶段，政府是统治者，而民众是不折不扣的臣民；第二阶段，单凭强力及无可争辩的权威已经不再能成为统治者了，依然处于统治地位者凭借的是其见识、睿智、成为领导的意愿与适合性(fitness)。第三阶段，前两种政府的统治都失败了，并且，政府发现自身与民众的领导者短兵相接，这些人致力于控制政府。第四阶段，民众的领导者自身成为政府，而且这一发展进程完结。

可以说政府在以下情形中就是主宰：在罗马帝国崩溃以后占据欧洲土地的早期日尔曼封建国家；在发达的封建国家，其中像路易十四这样的君主，可以带着几乎是不折不扣的真理宣称：朕即国家(*L'état, c'est moi*)；并且在那些被武装种族或阶层所征服的国家,那些人从外面攻克这些国家,并且通过有组织的力量保持对他们的掌控,例如在中国与俄国的情形。这类政府始终代表着社会发展的一个阶段:在这个阶段,被统治的民众意识不到利害相通,他们之间不会有协调一致的行动;他们不会觉得自身是合为一体的,或为任何共同的目标所激发;他们还没有形成相对于政府利益的自身利益观念,或者,如果他们开始模糊地形成这种观念,也不知道如何将单独的愿望为人所知或产生预期效果的途径:一群没有言说能力的人,而且不具备在这类事务中发言的知识。一个民族也许会在这一阶段逗留,也许不会。那些最有可能逗留直至停滞的,是等级国家,这种国家被习惯的外壳所束缚,几乎不可能破坏,甚至不能改变它,除非有某种不可抵抗的力量从外部来打破并摧毁它,例如,西方国家势力冷酷无情地破坏了中国人古老的生活方式。军事国家非常确定会变化迅速:这种国家充斥着太多的动乱,并且强迫保留政府的最初形式,或在一个发展阶段停滞不前。封建国家所诞生的现代国家的君主比其他的人更倾向于进步和发展,正如现代欧洲的君主所做的那样。如果可以用俄国为例进行判断,作为某一有限阶层(a limited class)征服者统治的民众,更可能具有停滞不前的倾向,直至政体腐朽。

我们现代的西方世界很难想象民众的停滞状态,但正如白芝浩先生在其具有启发性的著作《物理与政治》(*Physics and Politics*)*中所指出的,停滞是规则,而非例外。如果我们以数量上的多寡来测量,停滞便是规则。世上绝大部分人口被习俗的外壳或军事统治的铁网紧紧羁绊,他们对政治进步一无所知。甚至那些追求光明、寻求从过多政府管制中解放出来的人,如果没有那

---

* 中译本参见〔英〕沃尔特·白芝浩:《物理与政治》,金自宁译,上海三联书店 2008 年版。——译者注

些协调思想和行动的快捷工具,仍会在痛苦、缓慢地向着他们的目标前移,这些快捷工具为我们提供了电报、铁路以及廉价的印刷机。如果没有这些工具,有理由怀疑我们能否将一个自由州延伸至大陆地区,就像我们曾在美国所做的那样,那里的民众已然习惯于为所欲为,依照自发性行事。协调行动并不是来自冲动,而是来自实践,来自缓慢的经验教育,主要是来自屡遭失败的教育。要实现共同目标,只有经过进程缓慢的共同协商,迄今为止这仍是一件极其乏味和困难的事情。从一个民族开始苏醒,意识到他们在反对过于专制和自私的政府时有着共同的联系和利益,到一个民族看到自己所选出的领导者真正控制了立法和决策,在这两个时刻之间横亘着漫长的岁月。这一意识的初次萌动改变了公共事务的面貌,并且迎来了我在前面讲述过的第二阶段;自此,有远见的政府足以承担抓住黄金领导机遇的任务。

正是在这个阶段,政府发现自己被国家开始作出的独立行动所制约,纵然这些行动可能组织的并无规律且不尽完善,但是对于那些统治者而言,却足够明确与重大,要求得到他们的关注,并且修改其统治的路线,以免政府得不到人们的遵从,即使不危及统治者本身的权力以及安全的话,也会危及到国内秩序。伊丽莎白时代的英国正是如此。议会在支配(command)问题上无置喙之地。当君主高兴的时候,才会咨询他们,而且君主并不是经常这样做。议会建议起制约的作用,而不是在统治。有时候,君主的意志要强于宪法协议。舆论尚未充分发挥作用,权力在国家的每一件寻常事务中仍旧赫然耸立,并且专横跋扈。但是英国以前从未如此动荡过。从前,英国在欧洲的背后;现如今它处于欧洲的前沿。通往东方的大门被土耳其的征服者关闭了;其令人无法容忍的权力投向了欧洲进入伟大东方的旧贸易路线,欧洲掉头准备为贸易寻找新的出口:从非洲西海岸南下,绕过南端的海角再次进入到东方，或者穿越广阔的大西洋，一直到新大陆从海平面上缓慢地升至视野中——事实上到底是一个新的世界，还只是临近另一侧的东方旧海岸，水手以及地理学家尚没有拿定主意。哥伦布大胆地将船头转向看似无垠的海洋中心，在他以前没有人敢于窥视海洋的神秘。而英格兰本身就处于这片海洋的出口，紧随其后就派出了自己的船员。每个等级和地位的英国人都开始转向海洋寻求冒险和利润，并且，十六世纪见证了这个小王国认识到她之前从未感受到的权势与野心。伊丽莎白发现自己将着手统治的是一个生机勃勃的民族。

伊丽莎白是否意识到她的民众难以治理，民众是否对政府事务持有主见，这些都不必追问，因为她与他们有着共同的秉性和精神，是真正典型的英国人，倾向以符合人民自身性情的方式来领导他们，并且能很快发现他们的利益所在，像他们自身发现的一样。约翰·理查德·格林称,在与外国政府打交道时,伊丽莎白是她那个时代里最为高明的骗子之一,但是她总是坦率诚实地对待自己的臣民。一个依赖一群人服从、希望维持这群人信任的贤明统治者,其政策的全部活力,不是由于谨小慎微,而是目标一致、血统相同的民众之间天然存在的本能同情与心有灵犀。在那个进取与冒险的伟大岁月里,英国作为一个国家开始拥有充分的自我意识,而伊丽莎白则是英国化身的合适人选。她的统治是具有领导天赋的统治。她对需要自己做什么的本能知识,没有什么比她给予伟大的船海家的待遇更能体现出来了。她给予他们授权,不去过问一些不合时宜的问题。只要他们为她效忠,招之即来,当有需要之时执行她的意旨,向她的国库支付合乎情理的贡金,让所有的航海对手都尊敬她的权力,如他们所愿,她慷慨地准许其离开。英国的能量在其他任何时代里都没有像这样得到鼓动与释放:伟大的统治者造就伟大的臣民。

这幅素描有着足够多的阴暗面。此时不宜转而讨论这个问题,在英国人生活的某些阶段,王权在其中显示出邪恶面,而且没有真正洞察到王国的权利或利益——垄断、非法暴行、私人偏袒、权势数以千记的不法行为——但是这了无新意;一个君主至少在大的问题上了解她的人民,并且以自己的远见卓识完成领导和激发人民的任务,这是真正有新意的事情。在紧要关头,当他们最需要一位领导人时,她将自己交给他们——一位愚蠢的妇人,但却是一位伟大的政治家。 32

在一个不同寻常的年代,我们在同样事务之上拥有了另外一个范例,即普鲁士腓特烈大帝的领导。十八世纪中叶的普鲁士与十六世纪的英格兰几乎毫无相似之处。当腓特烈开始带领和建设普鲁士时,他刚刚凭借战争进程将破碎的国家拼凑起来,其个人统治席卷全国。在性格上,腓特烈和伊丽莎白同样也不具备任何相近之处。他们之间性格的相似之处,不过是任何一个天生有权势、老练的男政治家,与任何一个天生老练的女政治家之间的相似性而已。但是,腓特烈为普鲁士所做的,比起伊丽莎白为英国所做的要更多一些。腓特烈首先将普鲁士打造成一个坚固、有潜力的王国,接着又为普鲁士注入意识。伊丽莎白将自己的人格与天赋体现在一个已经出生的崭新国家之上,无论她是否存在并统治这个国家,这个国家都将诞生。腓特烈为自己的王国注入了生命,给予它一种处于觉醒状态的领导,而且,处于现代社会的前夕,恰值各地民众都开始觉醒之际,如同伊丽莎白一样,他的所作所为给我们提供了一个楷模,亦即如果统治者不能提供给民众所需的领导人,预计有一天民众能为自己找到一个富有同情心的领导者时,那时政府通过领导能力可以做什么。

相较于普鲁士在自我选择的领导之下能够为自身所做的,或许腓特烈为普鲁士所做的要更多一些。他将普鲁士看作并理解为一个整体。从某种意义上而言,普鲁士是腓特烈本人一手创造的。腓特烈希望普鲁士国内发展,不是由于身为政治家在确信和平的情况下希望看到国家实力和繁荣程度得到增长,而是因为他希望普鲁士在欧洲诸国面前成为强国;渴望普鲁士的经济得到扩张,主要是由于他希望国库变得充盈,希望在与环伺周边的竞争对手相对抗时,王国的资源能够满足于长期军备竞赛的需要。而且必须指出,腓特烈更像对待奴仆一样对待自己的人民,而不是把他们视为一个大国的公民。但是,在腓特烈扩张以及国际霸权的全部目标之下,还存在着对于民众的真正同情,对于民众利益和需求的真正洞察,理解和指导民众的真正能力。他是一个统治者,更是一个领导者,而且,相较于伟大的伊丽莎白时期的英格兰,他的统治给予普鲁士同样多的声望。腓特烈将一个新兴的国家引领到欧洲的舞台之上,通过给予它自觉的能力,以及关注它由商业引发的自身利益,腓特烈至少让普鲁士做好了自治初期阶段的准备工作。

一个有生命的民族需要的不是统治者,而是领导者。

当然,像腓特烈和伊丽莎白这样的领导人都是自我任命的(self-constituted),并且,被这些统治者吸纳到谘议者中的伟大政治家,当然也都是统治者自身的选择,而不是国家的选择。国家被提供领导者,但并不寻找领导者。此刻距国家自己发现领导者还为时过早,它还尚未学到寻找之道。这种形式与阶段的政府,在我们的列表当中位居第二,代表着政治发展的一个阶段,正如我们曾论述过的第一阶段代表着社会发展的一个阶段一样。当政府是统治者,而民众毋庸置疑是它的臣民时,社会是沉睡的、未成形的、无体系的,没有自我意识,也没有关于自我利益和力量的认识。所缺乏的是国家意识和自我认识的诞生。当第二阶段到来时,国家开始意识到自身,意识到自身事务的主旨和意义,在一定程度上意识到在列国之中自己的角色与野心,但是它还尚未学会选择自己的领导者。国家已有了必要的社会发展,将其带至宪制安排得到充分发展的入口之处,但还缺少政治发展。国家尚未学会如何通过自己阵营中脱颖而出的人来表达自己,尚未学会如何形成共同决定,如何设法达到共同商议,这些共同的决定与商议如同将自身选定的明确行动计划提供给领导者,即使它并不能够选择这些人。当然,伊丽莎白时代的英格兰已经拥有了一项政治发展了,而腓特烈时代的普鲁士则对此类事务一无所知。伊丽莎白将议会这个真正的代议机构置于自己触手可及的位置,致力于她可能希望具有的共同商议或协调行动的任何应用;而普鲁士除了自己的国王及国王创造的一个从属于他的官僚机构之外就一无所有了。在英格兰,宪制政府的整体机构仿佛处于休眠状态,没有投入到最终的应用当中,因为伊丽莎白省去了民众的麻烦,并且通过自己的领导延宕了宪制政府的最终发展,一直到继承伊丽莎白的弱斯图亚特王室,最终将她造就的如此高贵、如此具有威望的权威变得荒谬可笑且无法容忍。

通过稳步的过渡,国家将从上述政治发展阶段不断转变,变成为这样的一些安排,凭借这些安排,民众本身自由选择的领导人最终承担控制政府的任务,只要世袭的统治者通过自己的天赋领导民众,存在或形成可供使用的宪法行动机构,通过这些途径,这种转变就能得以实现。英格兰的情形就是如此,但是普鲁士则与此不同。在英格兰,既有议会,又有自治的乡绅,他们都有着处理政事的习惯。在普鲁士,除了一个从属的官僚机构外就别无他物了,这一官僚机构并非源自人民,也不能在民众利益上有着独立的主动性。

然而,无论眼前是否拥有必不可少的机构,一个觉醒了的现代民族,不能够长时间地在这一阶段止步不前,在这一阶段,公共事务的处置没有经过其直接的制度性参与及认可。整体宪制安排基于统治者的性情与洞察力,该统治者的权力独立于民众的选择,或是基于国际形势以及国内的社会与经济状况,这种局面在任何地方都不可能长期保持不变。民情不会长期一如既往地那么简单,或者那么易于理解,以至一个并非源自于人民的政府能够保持领导能力所需的同情理解。不仅如此,在腓特烈和伊丽莎白罕见统治的时代之后,紧接着的是深层的共同信念在所有等级和类型的人群之中传播的时代。伟大的宗教改革,以及重要的法国大革命,这两个伟大的新纪元里,之前几乎不曾留意教会或国家事务的平民,被激发起来去了解他们自己以及他们的权利,相类似的还包括良知认同以及政治认同。此类整体民众头脑与心灵的觉醒,自然而然地会产生其领导人。伟大的激情,当它在全民当中普遍存在时,必然会找到一个伟大的代言人。被深沉的信念冲动所鼓动的民众,是不能保持处在悄无声息的状态的。当找到了代言人以及领导人时,有效的协调行动似乎就自然而然地继之而出现了。人们为了共同冲动之下的共同行动一起涌出,这种冲动抓住了这群人的本质。并且,政府此刻发现,那些为它所必须考虑的一群人,不仅知道他们想要什么,而且知道通过何种最有效的方式让政府感到不舒服,直到他们达到自己的目的。简而言之,政府发现自己置身于动荡(agitation)面前,置身于舆论有计划的运动面前,它不仅仅是骤燃骤灭的火焰,而是因累积的狂热在燃烧的火焰,抑制并扑灭它的方式只能是消除不满、废除让人不能接受的制度,这些不满与制度是动荡与运动的燃料。偶然的不满能够平息,但是将注意力集中于信念的动荡则不能平息,与之相斗无异于火上浇油。动荡在每一个公众集会中都会抑制不住地燃烧,它在这里被平息,又会在街角之处时机成熟;它在那里被驱逐,又会在私人住宅、社交集会以及每一场秘室谈话中郁积起来,由于出口和空间被禁止了,动荡的迸发只会越来越激烈。动荡问题必须要加以考虑,而且在考虑它时应该要在统治者和被统治者之间建立起一种新的协议,要同意新的制度所作出的新的实践,要进入通往宪制统治全面发展的第四阶段。

宪制的第三阶段是动荡阶段,既漫长又可悲。政府在动荡问题上足智多谋,或抵制,或转移视线,看似屈服于动荡却对动荡的宗旨采取欺骗手段,或耗尽其力,避而不见。在拥有信念的人们那儿,如果缺少了像英国议会那样的常设机构,动荡也许经常会在一连数代的时间里完全失败;人们可能在这个常设机构中集中努力,找到一些无可非议的合法论坛,在此人们可以不断地将实现目标的压力施加于政府之上。从一个时代到另一个时代,动荡的火焰或受到抑制,或零星四散。然而或迟或早,结局肯定总是相同的。动荡在一个国家采取一种形式,在另一国家采取另外一种形式,但是无论在哪里,只要信念被唤醒,严肃的目标便应运而生,最终这些就会发生:人民的领导者将亲自取得对于政府的控制权,正如他们在英国、瑞士、美国、法国、斯堪的纳维亚国家以及意大利所做的那样,也正如他们在政治机构按照现代承诺行动的其他每一个国家尚要做的那样。

我们是如此地习惯于动荡,习惯于绝对自由这个坦率支持变革的理由,习惯于不受限制地批评个人与措施,这些几乎到达了放纵的程度。对我们而言,这似乎是大众政府普通流程中寻常、无害的一部分。我们了解被压抑的情感是危险的,窃窃私语的企图是具有革命性的,隐蔽的罪恶是扭曲和毒害心灵的,而且,对待一个傻瓜最明智的做法,是鼓励他租赁一个礼堂,并与公民同胞交谈。没有什么像暴露在空气中那样能够冷却荒谬,没有什么像公开报导那样能够驱散愚蠢,没有什么像安全阀那样能够缓解机器压力。动荡对于宪制政府而言肯定是至关重要的,然而,那些在非宪制体制之下行使权力的人,带着永恒的恐惧,害怕动荡的影响,并且用尽一切可能的手段抑制并扼杀动荡。部分原因当然是他们懂得动荡对于不合理的安排而言是危险的,而非宪制政府的统治是高度非理性化的,在这些国家里,民众能够表达共同思想,谋划一致行动,这些使得动荡变得令人害怕。然而,处于这种环境之下的统治者本能地恐惧动荡,永远具有另外一个原因,在没有制度的地方,国内的动荡无疑会非常危险。没有制度指的是没有议会、委员会,甚至是偶尔的集会——在这里舆论可以变得具有合法性,并且在法律的认可之下将自己转化为行动。言论不是舆论所需的唯一发泄途径,它还需要从行动中得到满足。

并且,面对舆论,行动会非常有节制。喜欢改革是一回事,规划改革则是截然不同的另一回事。许多热情似火又令人难以忍受的改革者,如果强迫他们将自己的改革方案以一部可行立法的确切话语来表达,他们将沉默不语,并且会进行更加深入的思考。对许多立法而言,非专业人员或许认为它们具有突出的可行性,最终却是不可能实施的。对于注重实际的学者而言,富有教益的事情之一就是了解我们自身政府中的立法机构,无论是联邦政府还是州政府的立法机构,都倾向于制定不切实际的立法。我们的立法部门并不需要实施自己所制定的法律。在实际政府事务方面,立法委员会的主席们也许常常是十足的新手,正如改革俱乐部的成员那样,人们轻蔑地将这些成员称之为理论家;他们自身关于应当做什么的理论在文件中以说明法案制定经过的条款引入,但不会因此就不再是理论了。有时候,立法部门能逃脱归因于失败立法的责备,敏捷地将这种失败推卸到政府行政官员头上,把自己描绘成并不赞成这一法案,其实不愿意让法案得到充分与实在的尝试;许多法令胎死腹中,而因死产导致的骚动却无伤大雅。煽动者按照自己的意思行事,但什么事都没有发生。行动释放了被压抑的能量,没有造成任何损害。但是,非宪制形式的政府没有为行动提供宣泄口,狂暴的后果产生以后是一种无助的愤怒,或许这正是对政府本身的摧毁。

当宪制发展到达第四亦即最终的阶段时,当一个民族对于自身利益及政治影响力获得了如此确定的意识,成长到如此习惯于形成自己的意见、追随自身的领导,以至于民众的领导者负责并指挥政府变得自然起来,并且真正不可避免。最终可能形成的政府,两种形式必居其一:英国的议会制政府或美国式政府,白芝浩先生并不是很情愿地称美国式政府为"总统制的"。在议会制政府之下,人民当前所认可的领导者,是当前在平民院需占据多数席位政党的领导者,他们既是政府的首领,又是立法的指导者。议会会议中的所有主要议案都是由他们发起的,并且,他们不得不让自己所提议的法律成功地付诸实施。在我们自己的体制之下,作为整体的民众仅仅有意识地参与对一个人的选择,即总统,而且,没人预期总统会领导国会,总统只是赞成或反对国会力图通过的法案,并且力图让那些得到总统签署、推翻总统否决的法案付诸实施;而对于引领国会的人士,国民也许会将他们视为是自己的领导者,也许不会将他们视为是自己的领导者,而且,这些人更青睐通过众议院及参议院自己设计的程序获得两院的领导席位,总统可能隶属一个政党,而国会可能属于另一个政党。对我们而言,进行商议时行政部门和立法部门并不一定要像在英国那样联合起来。

另外,相较于其他国家,我们体制更为重要的特征是没有将宪制安排集中于联邦政府。我们根据州的数目增加宪制政府的数量,并在一个庞大的国家联盟之中的每个联合体都建立一个单独的宪制政府,这些政府接受委托,调整公民之间所有的一般关系:他们的财产权利、家庭关系、合同权利、雇主与受雇者之间的关系、诉讼以及刑事责任等。联邦政府仅仅调整那些显然具有共同利益的事务,以及为共同利益所必需的事务,至于其他的宪制政府,则在四十个零散的联合体中投入运作。

行政部门和立法部门在联邦政府相分离,宪制权力在各州之间分离,这两种宪制安排标志着我们自身的历史发展阶段,同样也标志着美国政府成立时大洋彼岸宪制政府的发展阶段。州政府同样存在着立法部门和行政部门的分离,这与联邦政府的特征相同,因为各州宪法制定与联邦政府的成立是同时的。联邦和州的这个特征来自于它们的起源时期。宪法权力在各州之间的分散源自美国特有的环境。瑞士的确也拥有相似的联合与分离,尽管瑞士与美国的结果非常相似,但两个国家的起源与制宪背景大不相同。对我们体制的这两个特征进行分析,在宪制政府的性质与典型进程方面都能得出非常有趣的结论。

除了在我们的政治家看起来需要进行的一些改变之外,1787 年制宪会议制定的美利坚合众国宪法的本意是要成为英格兰政府的翻版,这些改变是为了保证美国人民防范特定种类的特权与权力,在与大海另一侧的母邦政府打交道时这些特权与权力对他们造成了伤害。但是,此时英格兰政府正处于宪制序列从旧貌到新颜的形式转变过程之中,而且这个转变还没有充分前行到能揭示该政府真实特征的地步。直至现在,我们甚至还认为英国内阁只不过是众议院多数党的委员会,国王选择内阁成员。这至少是一种法律拟制,但在事实上并非如此。国王不得不去选择下议院多数派同意的那些人。其实,国王仅仅只是请求下议院多数党的领袖组建内阁,并且由他来确定谁是其他阁员。只有在下议院的领袖中无一人能够出类拔萃、下议院的多数党本身不能确定心仪人选等非常例外的情形下,国王才能够依照自己的判断行事。但是,当美利坚合众国宪法制定之时,如今的形式在当时却是事实。国王的选择权是非常真实的,他经常尽可能地选择那些自己中意的阁员。的确自1688年革命以来,国王必须选择那些下议院拥护的人,与之相对照的是选择那些他们至少不会厌恶的人;但当时议会成员的投票是那样安排的,以至于凭借某种方式的影响,国王及一小群同伙通常就可以决定下议院的多数。偶尔,当王国的政策发生变化或者屈服于压力时,国王甚至能将其顺从的多数派议员从一个阁员移交给另一个持相反意见的阁员。因此,不断发生在政府整体构成中的变化是含混不清的。1787年制宪会议的成员理所当然地将国王视作是有执行权的,这一权力不仅与议会相分离,而且与之竞争,他们没有看到选举权只要发生改革,议会真正成为国家的代表,造成的影响就会作用于整个体制,内阁转变成了下议院的委员会,国王在其中拥有形式上的任命权,但没有真正的选择权,并且,内阁本身构成国家中运行着的行政部门,并取代国王选定管理或政策中的每一步骤。我们宪法所创制的总统职位,根据的是国王在英国宪法更古老的实践之下应该是什么样的模式构思而成,就在这个时候,英国的理论与实践都同样在发生改变,且在民众立法机构领导者指引下的政党政府其实正在创立过程中。在英国前往形式更简单且仍然更先进的宪制发展阶段,我们迅速地将总统职位固定化了。

将一群宪制政府联合在一个联邦宪政体制当中,我们的理由不是出于理论,而是来自实际。十三个小联合体为了独立聚集成联盟而战斗,获得了成长与品性,使得其中形成真正的州。它们没有合并成一个政府之下的单一国家,这是可能的,或者说是可以想象的。用真正的联邦国家这个纽带将它们联合起来,这是治国才能的胜利,这种联合不仅仅是松散地加入联盟,就像那个几乎不能长时间团结一致以结束战争的联盟一样。当殖民地在与法国人、印第安人斗争以及争取独立的时候,在它们当中产生了强烈的利益共同体意识。他们决定要共同生活,为了共同目标而联合起来;他们深切体会到如果各自为政就不能经受住为政治生存而进行的斗争,这种斗争必定源自于他们自身的敌对行为以及外国势力的贪婪攻击;他们还决定共同的政府应足够强大,至少让他们像一个国家一样紧密联合起来。但是,共同利益的一览表、为了自身的利益必须授予给他们共同政府的权力清单,这些在他们思想中占据着不是很大的位置。州政府是他们首要的政府,是他们社会秩序和政治行动的日常、基本、熟悉以及首要的机构。有一段时间,他们将联邦组织视作一场实验,并且认为它不会持续下去。拥有一流能力以及高度政治野心的人士,对本州的工作欣然赴任,却对联邦提供的职位投以怀疑的目光。只有那些设计并拥护联邦宪法的具有远见卓识的人——只有那些有着显著影响力的人,如华盛顿、汉密尔顿以及麦迪逊——才能够在地方利益的猜忌面前确保如此坚固又强大的中央政府得以实现。令人感到奇怪的不是存在于各州的宪法权力"可供使用",而是任何可以统治与命令的中央权力,能从拥有自我意识的小联合体里嫉妒的政客处获得。

各州在联合中尚能存在下去,不是因为政治的偶然。各州的分离并不在于那些仅仅是不同时期已经解决的偶然情形,也不在于他们是由英国国王分别特许的殖民地政府。各州之间存在着巨大的社会差异及政治差异。任何一部宪法都不能让这些州形成真正的政治共同体,不论这部宪法的构想是多么概括与明智,因为它们确实不是一个共同体。这些州在生活与利益的许多方面都形成了鲜明的对照。弗吉尼亚和马萨诸塞截然不同,正如马萨诸塞不同于英格兰一样。卡罗来纳,由于它的森林和稻田,认为自己完全不同于弗吉尼亚;而中部各州,由于它们混和了许多地方的人口,既不同于新英格兰,也不同于南部各州。其实,作为中部州的纽约、新泽西以及宾夕法尼亚,不仅拥有来自母邦的移民,在未来的岁月里,这些州的民族混合将成为美国的特征。在这些州而不是在它们东部或南部的群体当中隐藏着美国未来的先兆,并且在某种细微的程度上,他们非常敏锐地感受到自己的路径和目标与他们邻区之间的差异。宪制政府立足于共同协议、共同利益、共同冲动以及共同习惯之上,联邦当中的每一个小的联合体都具备这些内容,然而这些内容在费城制宪会议上所设计的联邦中尚不存在,除了被视作是商业、铸造货币、邮政及邮路、公海上所犯的海盗罪和重罪、战争和军事防御以及与外国政府打交道等事务,这些都不厌其烦地列举在联邦宪法第一条第八款中。各州并不是一个共同体,而是有着许多共同体,并且正因如此才不能拥有一个单一的政府,不得不拥有与实际政治分区一样众多的宪制单位。正是这种复杂安排才是解决实际问题智慧的精髓,表明那个时代领导人所拥有关于成功宪法步骤的直觉是多么正确。

自1787年以来我们的生活经历了彻底改变,而且,几乎每一种改变都在推动这个国家团结起来,赋予它共同的意识、共同的利益、共同的行为标准以及协调行动的习惯,这将在更多方面给予这个国家以单一共同体的特性。观察到这些重要进程的宪制发展研究者,无不察觉到它们的后果及影响将是什么。电报的铜线在大陆的每一个角落绵延伸展,仿佛身体中的神经,即时精准地传送思想和意图。铁路位于每个山谷,横亘每个平原。廉价的报纸将每则乡间新闻都变成国家的新闻。产业组织对州界线一无所知,商业在不同州之间横扫流通,无从探寻其数目及错综复杂程度。理念、动机、行为标准、难以捉摸的兴趣以及风度(airs)与快速列车上的乘客、商人的商品及农夫的谷物同行,从每一个地区走出来。无形的意见之梭将相互隔离社区的想法和意图编织在一起,某一天将自认为是单一共同体的国家正在编织这一布料的基础。联邦政府权力近年所经历的非同寻常的成长方式,足以证明这一进程。

这是一个带着戏剧性的威严,甚至是史诗般威严的进程,让这个大陆全程都充满变动。截止到1890年,我国内部一直拥有一个边远地区;直到那一年,人口调查员总能在地图上古老的州和太平洋之间的某处画一条线,表示在前方的有序殖民。自从宪法制定以来已经一百年了,整个世纪里,与初期建立殖民地一样的殖民过程一直在持续。在国内发展阶段上,东部海岸与西部海岸的社区一直都有所不同,东部海岸在复杂性、多样性以及在繁华的生活上,最终变得与欧洲的社区难以区分,相较于弗吉尼亚与十七世纪英格兰的不同而言,东西部海岸社区的不同要更加尖锐。从大西洋海岸旅行到边远地区,宛如观看一场巨大的展览,展示的是已经创建或正在创建这个国家所有进程当中的真实生活。自1890年以后就没有可探索的边远地区存在了。这个进程已经开始集中,而不是在延伸。任何能够透过表相审视内在的人,都能够看到这种紧密结合并将所有细丝都合并到一块布料的进程。

正是这种西部扩张、这种向西部不停地规划新的社区、这种对我们的体制与生活方式永无休止地传播和调适,才是把民族感情赋予我们的主要手段,才让我们举目留意到包含着天定命运(manifest destiny)*的任务,让我们不只是被当地的政府机构包围,这些都是人们所熟知的历史内容。奴隶制是否应当扩张,还是应该限定在一定区域内部?正是不断形成的州强迫每一代政治家回答这一问题,直到内战时期才永远地答复了这个问题,没有任何其他一种争论能像该争论那样唤醒国家的意识与行动。我们的历史在很大程度上是极其事务性的。我们的国会年鉴并不因为许多生动的事件而变得有乐趣,并不因为许多戏剧性的时刻而变得有生气,但是,有一场辩论让每一个学者都会转变态度,感到它在

---

* "天定命运"一词由纽约新闻记者约翰·L. 奥沙利在1845年首先使用,它的意思是指美国负担着一个上帝赋予的任务,即蔓延至整个北美大陆。——译者注

我们的整个历史中贮藏了最为重要、激动人心力量的火焰。在海因先生和韦伯斯特先生之间的辩论中,美国的整体感受和整体意识改变了。*海因先生带着滔滔辩才和巨大影响力,发出了那个正在消逝时代的声音;韦伯斯特则发出了已经到来时代的声音,而且他的影响取代了所有其他人的影响。在某种意义上,几乎可以说那一天韦伯斯特先生使一个国家得以形成。韦伯斯特字字珠玑,几乎创建了这些词句所表达的思想。国家处于对自己的联合及目标无知无觉的状态,而韦伯斯特为其注入了完全的意识。国家再也不会是韦伯斯特称其所是以外的任何事务。正是在这一瞬间,在这位解释者的口中,国家才能世世代代在发展过程中成长。并且,相较

---

* 指1830年南卡罗来纳州参议员罗伯特·海因与马萨诸塞州参议员丹尼尔·韦伯斯特就如何处理西部土地而展开的辩论。——译者注

于西进运动时代,当今时代影响力的热烈程度和戏剧性减少了,在经济和社会变迁起作用时悄无声息又无从观察,这种影响力对我们产生巨大的结合作用,将稳固且不可抗拒的国家化进程推进至一个同样的非凡极点。

但是,这样的发展存在不可逾越的自然极限,并且,由于州权力的固有范围和界限得到更加清晰与持久的确立,所以州政府可能成为我们体制中更加重要的组成部分,而不是变得更不重要。像我们这样一个伟大的政治体制,在美洲大陆这个多样化的广阔空间内延伸,州是必不可少的。我们现在正处于变革的中心,这种变革席卷的范围如此宽广,我们于是就夸大变革的影响力;由于变革不受州边界线的限制,且目前看上去会让州边界线模糊不清,我们就认为变革最终会消除州边界线的痕迹。当变革结束时,我们会惊讶其对我们宪制机构所作的改动是如此之少。变革将彻底改变我们的国家意识、我们对于共同利益的认识,以及在与变革打交道时我们必须遵循的原则。这种变革是心理上的,而不是政治上的;是我们行动精神上的,而不是行动方式上的。无疑,在许多重要的细节上我们联邦政府的范围将会显著扩展,但是这只是细节扩展而不是原则扩展,是通过正常与合法地改变宪制协议得到的扩展,而不是要进行任何制度重建。

各州权力的分隔与独立,建立在一个大国各部分之间经济及社会真实差异的基础上,差异使法律以及行政决策的调整成为必需,就像是只有真正独立行事的地方当局才能明智作出的那些调整;不仅如此,各州还对于我们的宪制发展做出了巨大、永久性的贡献。我之所以称它们是巨大的贡献,是因为州为宪制政府基于的协议赋予了亲密感与细节,使协议能针对地方环境、民族差异进行调整,使协议能够即刻适应民众本身的多样化,在一个小国家,这些内容或许会忽略不计,但是在一个广阔的大陆却不可以。如果没有我们起初缔造的联邦体制，美利坚合众国就无从发展，同样，如果没有州政府，美利坚合众国也无从发展。在整合大量且多样的人口问题上，在调整法律以适应新情况及一时之需的问题上，在控制发展及永葆每一项进步的问题上，各州都为我们提供了一个理想的方式。在民众思想与政府治理方式之间，各州提供了一种无比灵敏的调整手段，并且，它们还为世界提供了联邦与自由的模式，这种模式或许是它们在上帝眷顾之下谋求的。有人会担心各州不再像它们现在这样是法律调整的常态宪法机制，这种担心毫无理由。因为联邦政府范围的扩大与权力的增长不会剥夺各州的权力，而是为了弥补各州的不足，为了捍卫这些州的利益，宪法制定者从一开始就期待这些利益，我们将在这些利益中自觉形成一个共同体。

得出这个结论并非是出自情绪或偏好，而是来自宪制历史的必然推论。只有真正利益与共及目标一致的地方才有宪制政府的存在，宪制政府不能表达任何不能构成真正共同体的群体生活,如果宪制政府同时还是自治政府的话也同样如此。美利坚合众国是一个共同体吗?在某些事情上,是的;在大多数事情上,不是。笼统地谈论美利坚合众国是一件多么不可能的事啊!如果一个外国友人向你询问关于美国的问题,在回答问题之前,难道你无需问:"你所指的是美国的哪一部分?"很难用一句话如实概括整个美利坚合众国,无论是社会、经济还是政治方面的。地区与地区之间,甚至是州与州之间的类型各有不同。美利坚合众国富于多样化的生命力,不能以描述或预言的形式总结成一套公式。

另外,美国不仅是一个宪政治理下的国家,而且还是一个自治的国家。思考并理解美国就是要理解这一差异。自治是最终、至上的宪制发展阶段。尚未高度发展、尚未具有自我意识的群体可以拥有宪政治理,正如英国在获得完整特性及自我了解之前一样,由君主按照自身的意志进行统治,议会制约而不统治。然而只有共同体才可以进行自我统治,并且免去了各种形式的绝对权力。亨利·梅因的评论有着深刻的道理,他称,如果一群人中没有生长出惯于服从法律与权威的种群,如果他们的祖辈不曾是国王们的臣民,在他们自身无从选择法律的政治童年时期,如果血统来源不适宜于漫长的学徒期,即使将美国开拓为殖民地并建立了政府,令世界都感到惊奇,他们也绝不可能因此就能熟练地对自己的事务负责,在完全的自治过程当中将稳定与自由结合起来。自治并非只是一种制度形式,只要付出相当努力,就可得偿所望。它是一种品质形式。这种品质随着长期训练而来,这种训练让民众变得泰然自若、自我克制,让民众拥有爱好秩序、和平与共同商议的习惯,让民众尊崇法律,当民众成为立法者时这种尊崇也不会消失:这些是政治成熟的稳健与自控。并且,没有长期训练,这些品质便无从具备。

对于我们必须进行且必须马上进行的政策抉择而

言,这个区分至关重要。我们需要处理与附属国之间的关系,且必须基于我们制度的真谛来处理这一关系。我们可以给予菲律宾人宪制政府,菲律宾人可以相信这一政府是公正的,是基于一些明确且公平的协议之上的,确实是为了他们的利益而不是为了我们的扩张的;但我们必定是暂且提供这一政府。这真的是一件前所未有的举动,是对兰尼米德进程的逆转,但是美国在此以前就已经向世界展示了史无前例的开明政治进程。在兰尼米德将贵族召集起来是约翰王的选择,与贵族讨论宪制协议是约翰王的倡议;而在菲律宾群岛做类似的事情则是我们的选择,这一选择明智又仁慈。但是我们不能给予菲律宾人自治。自治并不是一件能"给予"任何人的东西,因为它是一种品质形式,不是一种宪法形式。不能把克制的成熟"给予"任何人。只有长时间接受服从训练才能获得这个珍贵的财产,这个财产是既不能购买也不能给予的。我们无法将共同体的品性赠送给菲律宾人,但是,在公正法律以及富有同情心管理的有益影响之下,我们可以满怀信心地期待他们会成为一个共同体;如果与此同时施加其上的权威能够理解并凭良心为他们服务,我们可以满怀信心地期待他们不久就能理解并掌控自我。

就算只为阐明政治统治权这一属于我们世代相传的权利,世人都应当懂得这些基本的事务,并且依此而行。忽视这些基本的事务不仅会导致失败,悲惨的失败,并且还会导致荒唐的失败,自我歪曲。在我们自身通过一个明确、无可替代的进程拥有自治以后,让我们将那些依附于我们的人放置在正确的道路上,使他们同样也能获得自治。

第三章　美利坚合众国总统

在没有整体描述宏观政府体制的情况下,对其中任何单一部分进行描述都是困难的。政府是有生命的东西,像有机整体那样运行。并且,政府拥有自身自然演进的过程,一个时代是一种存在,另一个时代又是另外一种存在。宪法制定者基于制衡理论构建了联邦政府,这意味着每一个部门的运行都受到限制,且不允许任何单独的部门或机构拥有支配性的力量;然而,基于如此机械的理论之上,没有政府能够顺利运转。领导和控制必须有安顿之处。政治家的全部艺术就在于使政府的几个分支进入有效合作状态,以完成特定的共同目标——以及政党在其中的目标。如果要恰如其分地了解真实的政府,当我们研究联邦体制的每一个部门时,都要让该体制向我们展示其作为整体的协调运行:领导权所居何处?它行动的方式为何?它是如何运行的?何种因素制约着它?是什么赋予它力量和影响?政府是政治家塑造之物,而且,描写总统职位要比描写总统职务更容易一些。

过去,美国政府构建于辉格党政治动力学理论之上,这是一种对牛顿宇宙理论的无意识摹仿。现在,每当讨论任何事务的结构和发展,不论是自然界的还是社会的事务,我们都有意无意地追随达尔文先生;而在达尔文先生以前,他们追随的是牛顿。像万有引力定律这样的某些特定法则,在每个思想体系中都畅行其道,并且赋予该体系以一致性原则。每一颗恒星、行星、天空中的自由体,以及世界本身,都因为四周天体的吸引力而保持在属于它的地方、控制在自己的轨道之内,这些天体都以同样的规则和精确度运行着,都由赋予整个宇宙体系以匀称性以及理想调适性的完美的平衡力所掌控。辉格党人试图赋予英国一部类似的宪法。他们并不希望摧毁王权,无意要求将国王变成傀儡,他们利用宪法上的制衡体系,仅仅旨在包围及抵消国王的权力,使国王的权力受到管制,并使其至少处于可预测的状态,否则国王的权力就是专断的。

辉格党人没有清晰的分析自身思想中的问题;成为清晰的理论家不是英国政治家的习性,或者说这实际上不是大洋两岸讲英语的政治家的习性。问题遗留给一位法国人,这位法国人向辉格党人说明了他们做了些什么。辉格党人致力于让议会在制定法律方面如此具有影响力,在批评国王政策方面如此具有权威性,以至于国王如果失去了议会的合作与同意,就绝对不可能自主行事,虽然他们同时也让国王自由地干涉议会的行为,行使绝对否决权,如果国王决定这样做的话。他们致力于确保法院尽可能地伟大、独立,这样,法院才不会被议会所压制,不会被国王所胁迫。简而言之,正如孟德斯鸠以清晰的方式向他们所指出的,他们利用一系列的制约与平衡,试图在执法、立法以及司法彼此之间保持相互平衡,或许牛顿会毫无困难地将其认作是天体力学的启发之作。

我们的联邦宪法制定者带着真正的科学热情,遵从他们在孟德斯鸠的阐述里所发现的方案。这种钦佩解释了为什么《联邦党人文集》就像是将仔细推敲后的孟德斯鸠学说应用到美国的政治需要和客观环境中去一样。制宪者有着丰富的制衡理论。总统与国会相制衡,国会与总统相制衡,而且每个部门都与法院相制衡。没有任何人像孟德斯鸠那样受到早先年代的政治家频繁援引,而且在政治领域,制宪者常常将孟德斯鸠当作科学标准那样引用。在孟德斯鸠的影响之下,政治学转化为力学,万有引力理论至高无上。

这个理论的困难之处在于:政府并不是一件机器,而是一个活生生的东西。它不属于宇宙理论,而应当属于有机生命理论。有机生命理论归功于达尔文,而非牛顿。环境让政府产生改变,职责让政府显得必须,生活的巨大压力决定政府功能的形成。没有生物能让自身的器官像制衡那样相互抵消,并且在相互抵消的情况下还能存活。恰恰相反,生命取决于器官的迅速协作,取决于它们对本能或心智需求的灵敏反应,取决于它们目标的和睦一致。政府不是一股盲目的力量;它由一群人构成,无疑,在专业化的现代社会,除去拥有共同的职责和目标之外,还具有高度分化的职能。政府部门间的合作是不可或缺的,它们的战争状态则是灾难性的。没有领导,没有生命与行动有机体之间亲密无间、甚至是出于本能的合作,就不会有成功的政府。这不是理论,而是事实,并会作为事实显示它的力量,无论什么样的理论抛置在它的路径上。活的政治宪法在结构与实践上必须是达尔文式的。

　　幸运的是,我们宪法的定义和规定虽然孕育于牛顿精神之中,建立在牛顿原理之上,却为生存与环境施加的影响提供了广阔空间和弹性。设计联邦宪法的人不仅是辉格派理论家,还是政治活动家,在公共事务上,他们目光锐利;在实际政府结构问题上,他们拥有敏锐实用的智慧,并且他们给予我们一个全面可行的模式。如果这一模式实际上是一台机器,由机械的自动平衡所支配,它就不会拥有历史;但是情况并非如此,由于引领这一模式且让它成为活生生现实的人们的影响力与个性,这一模式有着丰富的历史。美国政府有着重要且正常的自然成长,并且证明自身非常适合表达世世代代美国民众变化的性情与意图。

这就是描写总统职位比描写总统职务要更容易一些的原因。总统职务在此一时是一种存在,彼一时则为另一种存在,随着担任此职人士的不同而不同,随着围绕该人环境的不同而不同。从 1789 年至 1825 年之间的总统职务情况必须予以说明,这个时期政府要同时在国内外立足,为在各国之中的地位而奋斗,而且为在自己民众当中的全面的信誉而奋斗;这个时期英国的惯例和传统是最令人信服的;这个时期,选任官员领导能力的培养,是通过整个国家的注意和信赖都被这个人所吸引的方式进行的。另一个必须予以说明的是杰克逊时代这一职位的情况,这个专横的人,不是由审慎的议会或安静的委员会产生出来的,而是产自靠近边疆蛮荒地区的田间,他将自己的意识强加于公共事务之上,无论是否拥有正式的法律许可,依靠的是民众确凿无疑的良心与爱戴,这些人对杰克逊所取代的统治渐渐变得极不耐烦。再一个必须予以说明的是这个职位在1836年至1861年之间的情况,这一时期诸多有争议类型的内政吸引了全国的注意,这一时期的国会必然主导着政策选择的权力,这一时期一个接一个的总统,缺乏使自己处于在商议时处于主导位置的个人影响力和主动性。在那之后便是内战,以及林肯先生无以伦比的重任与成就,这时期行政部门有一阵子似乎在形势的巨大压力之下变成了整个的政府,国会只是对供给进行投票以及同意必要的法律,如同议会在都铎时代所做的那样。从1865年到1898年,国内问题、涉及国会自然而然作出初始选择的立法事务、立法领导者作出主要的政策决定,这些又再次变得引人注目,并且,除了克利夫兰总统,就没有其他总统在我们国民生活这一安静的戏剧中产生主导和关键的作用了。甚至可以这样说,克利夫兰总统将其产生的巨大作用归因于与生俱来的影响力以及当时政治的混乱状态,而不是制度自然提供给他居于领导地位的任何机构,这一制度使得在他之前如此之多的总统都从属于国会。同西班牙的战争再一次改变了部门间的平衡。如同在政府初建时期那样,对外问题又变成了首要的问题,总统在这些问题里成为理所当然的领袖。从那一年开始,我们在国际事务中新的地位使得总统位于政府的前列,我们自身的想法以及各地人们的注意力都聚焦在他的身上。

个人和环境都造成了行政部门以及总统职位影响力之间的差异。我们都是孟德斯鸠的信徒,但是我们同时也是政治活动家的信徒。白芝浩先生曾经评论说,没有证据表明在美国人中执行获得显著成功的宪法的卓越性,因为美国人可以成功执行任何一种宪法。即使完全接受这一恭维,我们的实践感也当然要比理论上的一致性更加值得注意,并且,尽管我们一度全都是宪事律师(constitutional lawyers),可是在以后的岁月里,我们往往对字面和教条地解释宪法原则非常缺乏耐心。

宪法制定者似乎认为总统职位就像严格辉格理论家对国王所希求的那样:只是法律的执行者,是法律适用和政策执行过程中的首要及主导权威。立法否决权是他对于国会的"约束"——是约束性的权力,而非引导性权力。授权他阻止坏的立法,但并没有给予他一个制定良好法律的机会。实际情况是总统一职的改变非常之多。他变成为政党的领袖以及国家政治目标的引导者,因此,在法律行动中同样也是引导者。在这些重要的角色里,政府的宪法架构束缚限制了他的行为,但是并没有阻挡他。总统的影响力随着担任总统人士的不同而不同,随着他们所处时代环境的不同而不同,但前述倾向已经明白无误地显露出来,而且,从政府自身真正的本质中涌现出来。这只是表明了我们的政府是一个活生生的有机物,而且,像所有其他的政府一样,必须要设计出有效部门的紧密结合体,而这种结合体只有当领导权固定于一个人或一群人时才能够存在。总统的行为与影响力大不相同,但这一事实清楚无误,在我们复杂的体制中,一代又一代人越来越倾向于将总统看作是一种凝聚力,不仅仅是其政党的凝聚力,并且还是国家的凝聚力。这样做并不是与宪法的实际规定不相一致,只不过是与非常机械的宪法含义及意图理论不符。宪法不包含理论,如同大宪章一样,它只是一纸讲求实效的文书。

选举方式将政党领导者的角色强加给总统。宪法制定者的理论或许认为总统选举人将会行使真正的选择,作为经验老道的政治家,很难理解他们为何对这类事务会抱有期待。他们没有规定选举人应当作为一个整体集合起来,商议并慎重选择总统及副总统,而是规定选举人应当"在他们的各自州"里集合,在不同的群体进行投票,没有商议的可能性,并且没有持相同意见的最低可能性,除了一些已实际使用的这类商议手段预先就被用来建议与决定他们的选择。政党提名总统候选人最初的实践是通过国会党团进行的。自杰克逊将军时代民主党剧变时起,提名大会取代了国会党团,政党代表大会的选择有许多十分有趣的后果。

我们往往认为提名大会的选择带着某种程度的随意性。我们知道,或自认为知道他们的行为有时是既定了的,而这一认识让我们焦虑不安。我们知道,在提名大会当中并不存在辩论,没有针对各候选人优点的讨论,而国人本可以如同听众一般坐在这里,评价最终的选择是否明智。除临时主席及永久主席正式的致辞、介绍提名候选人的政纲和姓名之外,如果要进行任何其他讨论,就要中止会议。决定结果的讨论必定在委员会办公室私下进行,由出席全国代表大会的几个州代表团总部闭门做出。会议之间的间歇充满了令人非常激动不安的行动。信使们从一个总部跑到另一个总部,一直到深夜凌晨。一个会议紧接着一个会议,可以说很有可能将报社记者带至绝望的边缘,对于正在发生的事情,几乎不能将流言连缀成一个前后一贯的故事。只有在政党全国代表大会的办公室里,才能有一些关于全局形势的清楚认识;并且,人们对大会成员之所以感兴趣,源自于不确定的巨大压力之下举行的一次又一次会议。最后形成的多数意见,没有局外人士能够说清,鲜有内部成员能够道明。

同样,许多看似不过情绪之风般的影响会施加在提名大会之上。选举人坐在大厅里,长廊里群集了来自全国各地成千上万的旁观者,但当然主要还是来自提名大会召开的地方,并且,长廊里的情绪传播到与会者中。纯旁观者反复呼喊着热门候选人的名字,与会者那里的每一次骚动都在长廊中得到了上百倍的增强。突如其来的阵阵刺激往往会改变提名大会的整体感受,转瞬就让政党管理者的精心安排付诸东流。如果1860年共和党代表大会不是在芝加哥举行,它可能会提名西沃德(Seward)而不是林肯,这已经成为一个广泛接受的观点。西沃德先生是新政党公认的领导人,是它最引人注目的发言人,他使党的宗旨清晰明确并传播开来。林肯先生在这不久前的一天才进入全国视野范围内,那时他已经完成了与道格拉斯先生的恶斗,保住了参议院的席位,并且,在林肯与其老练的对手进行的辩论中,其犀利演说里那些引人注目的言辞才在有思想的人群中流传开来。然而,政党代表大会在伊利诺伊州举行,对于林肯先生众多的挚友和拥趸而言,这是来到了自己家门口。他的团队确保长廊上恰好充满一群人,他们一遍遍呼喊林肯的名字,直到大厅里的人开始动摇。长廊里所有的影响都在为林肯先生效力,他最终获得提名。

对我们的政治实践考虑周到的批评家们,并没有让这种选择方式的优点蒙蔽了它的危险性。他们已经了解太多关于长廊的所作所为,在程序看上去更像是阴谋与冲动而不是冷静选择的情况下,这些行为是对政党管理者努力的补充,使这些人感到安全。此外,他们还可以援引实例,表明与某些与会团体中突然的、不期而至的骚动使其中全部理智、有影响力人的控制一扫而空,加速这些人作出一些选择,而那些真正慎重的团体绝对不会作出这样的选择。没有为总统提供培训的学校,除非像一些州长所希望的那样,在各州州长中寻找担任总统的人;并且,提名大会在进行选择时将自身局限于无差别对待上,没有要求候选人有任何特定经验以及关于公共事务的知识。他们提名没有任何政治经验的律师,提名那些自己钟意的士兵、报刊编辑以及新闻记者,并不去考虑这些人与公共事务没有关联。他们的选择看上去似乎像是完全随机发生的事情。

相较于看上去的,其实这个非凡的过程中存在更多的方法、更多明确的目标以及更多慎重的选择。各政党全国委员会的领袖人物能够化解问题,使问题呈现出一个非常不同的面貌,且总体来说让提名大会的方式非常易于管理,尽管其中无疑有着偶然性因素。此外,相较于只是希望获胜的政党,人们盼望预期能够获胜的政党在选择候选人时能够更稳健一些,考虑得更周到一些。看似会败坏这一制度名声的随机选择,通常是由那些无缘成功的政党代表大会所作出来的。成功促成慎重的计划与一种责任感。

同样必须记住的是,我们的政治体制并不是那么的协调一致,以至于可以为总统候选人提供训练,甚或要求总统候选人完全需要具备在公共事务上的丰富经验。无疑我国从未认为在任何特定程度上国会议员能够担任总统一职,甚至也没有为副总统一职提供学习履行总统职责的机会。毫无疑问,为履行总统职责作最充分准备的人,是那些担任过州长或内阁成员的人。他们通常都是由于某种适合性或获胜的可能性而当选各自的职位,然而,即便如此,他们并不一定会辩称其职位的大小及权力将使自己适于担任更高的职位。在我们的早期实践中,内阁成员继任总统职位被认为是一条自然的路径。杰斐逊先在华盛顿将军的内阁,麦迪逊先生在杰斐逊先生的内阁,门罗先生在麦迪逊先生的内阁,并且他们通常担任的都是国务卿一职。然而,这些只是发生在英国先例对我们有强大影响力的时候,那时人们期望内阁由执政党的政治领袖构成,就地位而言,他们接下来成为总统候选人,最有可能当选。当我们回顾这一实践的时候,它看起来是非常明智的,而我们不禁会产生疑问,为什么它会如此迅速地发生偏离,而且显然已经被遗忘了?我们同样会疑问,为什么杰出的参议员有时候不能当选?为什么众议员少有机会能够引起提名大会的注意?为什么政治生活本身从没有为总统一职提供任何明确形式的准备?

如果更加仔细地审视这个问题,我们可以看到,曾经以及成长后的总统一职,与其说需要在公共事务中拥有实际的经验,不如说需要在公务人员队伍内外都至少可能发现的特定精神品质和性格。对于介绍给国民并希望国民投赞成票的人,政党提名大会希望他是什么样的人呢?这个人是并且看起来是国民希望其政府拥有的性格与目标的化身——这个人理解自身时代以及国家的需求,并且拥有将自己的观点施加于民众以及国会之上的个性以及主动性。对于要获取这样的一个人而言,前述方式看上去似乎是奇怪的。提名大会以及引导提名大会的人甚至可能没有完全认识到他们的所作所为。但是,大会从整个国家选出一名政党的领导人,这是一个简单的事实。政党大会并不期待它的提名人去指挥政党内部的治理工作,并不期待他取代国会、州及全国委员会中的已被普遍接受且经验丰富的发言人;但是政党大会必然期待他作为其代表立于舆论面前,期待他作为其代表立于国家面前,作为体现国家对政党目标与政党原则可能期待的人立于国家面前。在竞选中,不得不由他来领导;如果当选,他不得不接受在政府中的领导权。国家对于候选人的要求,不是要他是一个精明的政客,处理事务经验老道,而是要他成为自己能够信任的人士,信任这个人的品性、动机以及对国家需求的了解,信任这个人在满足这类需求最佳途径上的洞察力,信任这个人能够因自身的分量和正直取得胜利。有时候国家信任一个政党,但更通常的是它信任某一个人;而且,在特殊的总统选举年中,政党大会常常表明自己拥有察觉国家所需的天性,是某个仅仅代表党派的人,是某个战斗英雄,或是某个真心替国家本身代言的人,无论这些人所受的训练以及履历为何。正是在这种意义上来说,总统扮演了政党领导人的角色,这正是由总统推选方式强行施加给他的。

总统作为法律执行者是由宪法明文规定的内容,不能将他视作是孤家寡人。总统不能执行法律,日常的法律实施工作必须依靠多个行政部门以及如今遍布全国的无数联邦官方机构才能得到处理。就总统严格意义的行政职责而言,可以说他像一个委员会的主席一样,连同内阁成员一起实施总统职务。相较于同僚和顾问,总统在实际执行法律时的主动性甚至不可避免地会更少。因此,这变得日渐真实:由于政府事务越来越复杂与广泛,总统也越来越具有更多的政治性,作为一个行政官员的色彩越来越弱。总统的执行权是代为处理(in commission)的,而政治权力则越来越以他为中心,并且本质上而言是个人的、不能让与的。

只有较为重要的行政问题才会提交到总统那里。那些例行公事的部门,那些几乎没有涉及总方针的问题要搬上台面的部门,其业务也许能在几个月甚至几年的时间里持续地进行下去,毋须得到总统的关注。无论从哪种意义上而言,任何部门都不是由总统亲自负责的。内阁会议并不讨论细节问题;他们仅仅关注更重大的政策问题,或重要事务中不断出现的应急办法。总统的一天并不会比其他人的一天多出几个小时。如果总统真的是执行者,他必须完全通过委托来行动,执行权力在其同僚手中。如果事态进展顺利,总统有可能会得到赞扬,如果误入歧途,他有可能受到责备;但是,总统实际控制的只是那些受托履行行政职责的人。正是由于完全不具有过失或疏忽,宪法分配给他的这些职责显然是更不引人注目、更不重要的职责,而且分配给总统的这些职责显然根本没有占据他的主要时间和精力。有一套职责已证实是总统几乎不可能履行的;另一套职责已经证实是他不能逃避的。

总统除非无法胜任或缺乏个人影响力,否则不能逃避身为政党领导人的职责,因为他同时身兼政党领导人以及国家领导人的角色。总统是政党的提名人,并且是由整个国家进行投票的政党提名人。参议院以及众议院的议员们是区域性的代表,仅只有部分的选民投票支持他们,或者由地方选举机构投票支持,例如州立法机关的议员。* 除了总统以外,没有任何其他的全国性当选者。其余任何人都不能代表全体人民,行使国家的选择权;而且,由于严格意义上的总统行政职责其实居于次要地位,至少就所有细节而言,总统所代表的与其说是政党的治理效率,不如说是政党的控制理念与原则。

---

* 1913年参议员由间接选举改成直接选举(宪法第十七修正案)。——译者注

与其说他是政党组织的一部分,不如说他是政党与理性国家之间重要联系纽带。通过充当国家真实情感和意图的代言人,通过为舆论指引方向,通过同时赋予国家以政策信息与政策主张,使国家能够像政党或个人一样形成自身的判断,总统可以控制他的政党。

总统还是国家的政治领袖,或者说国家的政治领袖在他的选择之列。作为整体的国家选择了他,并且意识到没有任何其他的政治代言人。在公共事务中,总统的声音是唯一全国性的声音。一旦总统赢得了全国的尊敬和信任,没有任何别的单一力量可以与之抗衡,没有任何联合力量能轻易地压倒他。总统位置占据了国家的想象力。他不是任何选区选民的代表,而是全体人民的代表。当总统以真实面目发言时,他不是在替任何特殊利益说话。如果他正确理解并勇于坚持举国所愿,他就是不可抗拒的;只有当总统具有这样的洞见和才干时,整个国家才能感受到行动的热情。国家的天性就是为了统一行动,并且渴望得到一个单独的领导。正是出于这个原因,国家往往倾向于选择一个人,而不是一个政党。得到国家信任的总统不仅能够领导它,而且能够依据自身的观念塑造它。

68

正是我们体制强加给总统的这种特别的孤立状态,使得这一职位的性质和机会那么的非同寻常。总统将舆论与党派集于一身。如果他愿意,他可以站在稍稍偏离政党的立场,坚持好像这一立场是建立于公意之上。偶尔,国民出于直觉希望提名大会提名的不是他们熟知的领导人,而是他们希望看到的能领导两党的人。如果总统愿意,他还可以与政党决策者站在一起,并且,可以利用自身力量和个人影响力来控制政党的实际规划。他既可以是政党的领袖,又可以是国家的领袖,或者,他可以两者位居其一。如果他领导整个国家,其政党几乎不能对抗他。他的职位是其远见卓识及影响力所能创造的任何事务。

这就是为什么总统职位在此一时是一种事物,彼一时又是另外一种事物的原因。根据宪法的精神,那些没有让自己成为领导人的总统,并不比那些在法律和政策制定过程中显示出影响力的总统更加正当(truly)。毫无疑问,安德鲁·杰克逊逾越了原本为他的职位设定的界限。杰克逊直接违背了宪法的精神,他本应该拒绝尊重并执行美国联邦最高法院判决的,而且,没有严肃的历史学者能理直气壮地宽恕他那些以动机诚实、原则纯正为理由的所作所为。然而美利坚合众国的宪法不仅仅是一份律师的文件:它是生活的载体,它的精神永远是时代的精神。宪法的规定是清楚的,而且我们知道这些规定是什么;一份书面文件让我们所有人都成为律师,作为公民的责任应当使我们成为一丝不苟的律师,不带着诡辩或篡改来阅读宪法文本;但是生活永远是你最终且最具权威的评论家。

由于良心的顾虑,由于更是一个理论家而不是政治家,我们的一些总统故意让自己不去接近他们可以合法行使的全部权力。他们秉持严格字面意义的宪法理论、辉格党的理论、牛顿的理论,并且,他们表现的就像认为宾夕法尼亚大道*甚至要比这条道路本身更为长远,就像认为在国会大厦与白宫之间不应该有任何类型的亲密交流,就像认为总统作为个人凭借说服来领导国会,与他凭借权力统治国会并无不同——假设有足够的权力来统治国会,其实没有。但我们的宪法制定者并不是在制定辉格党理论,他们在法律制定时不会期待,不是法律本身,而是存在于法律背后并为未来历史学家所知的制定者意见,才应当支配这个国家的宪法行动。他们是政治家,不是书呆子,而且,其法律足以让我们沿着他

---

* 宾夕法尼亚大道是华盛顿哥伦比亚特区的一条街道,联结白宫和美国国会大厦,是所谓的"美国大街"(America's Main Street)。——译者注

们为我们设定的道路上前行。不论在法律上,还是在良知上,总统都可以自由地成为一个尽其可能伟大的人。总统的能力将会为其设定限制;如果国会被他压制,那也不是宪法制定者的过错——不会是因为这个部门缺少宪法性的权力,而只是因为总统有整个国家支持他,国会却没有。除了舆论,总统没有别的方法强迫国会服从。

我所谓的总统没有强迫的办法将表明我的观点,并且,我的观点与激进主义或偶像破坏主义无涉。总统可以通过不合法的手段来影响国会行为:他不仅仅可以就委任问题,而且还可以就法律措施问题与议员讨价还价。他可以利用地区任免权来帮助议员获得或保留他们的席位。他可以用某种隐蔽的方式将强有力的影响施加于参议院席位的争夺之上。他还可以采取武断的行动专横地对待国会,这些行动无视法律或在事实上践踏法律。他甚至还可以用自身的命令代替国会的法案,这些法案是他想要却得不到的。这类事情不仅是严重不道德的,而且对宪制政府的基本协议而言是毁灭性的,从而对宪制政府本身而言也是毁灭性的。不仅如此,在一个拥有自由舆论的国家,它们一定会招致惩罚,毁坏那些胆敢实施它们的人的声誉和权力。"生存"左右着我们每一代人对于宪法这个伟大的法律文件、我们至高无上的指南以及推崇备至的对象的使用与解释,在提及"生存"的影响时,没有一个可敬的人会在严肃的宪法阐释中将这样的手段列入其中,或允许自己考虑这些手段。在我们这样的一个体制中,不道德的行为,或有损那些宣誓遵守根本法人士诚信的行为,无一能与宪法相符。所有善良人士的谴责,永远会以羞耻和失败压制这些影响。但是,在总统选择施展个人影响力的事务上,总统任何程度上的个人影响力都是完全符合宪法的,而且,根据我们宪法实践的清晰逻辑,总统变成其政党的领导者,同样也是国家的领导者。

当我们考察总统与国会的关系时,总统政治权力的范围及其特征并不是那么明显,当我们考察他与所在政党以及国家的关系时也是如此。因而,需要对总统的政治权力进行更多批判性地考察。领导政府的权力当然属于行政官员,他们每天与实际情况以及紧急事件相接触,并且,在每一个法律适用的转折点上,相较于那些立法机构的议员,行政官员明辨是非及尽职尽责的声誉都更加岌岌可危。政府的法律制定部门理所应当非常友好地对待规划与行动部门的建议。那些认为自己一定要遵守严格字面意义宪法理论的总统,小心翼翼地避免去做那些决定立法主题或特性的尝试,除非在如下范围内总统不得不自己作出决定:在国会行动之后决定是否接受法案。然而宪法明确授权总统将"认为必要且妥善的措施"推荐给国会。就宪法的完善性而言,甚至是就宪法的字面理论而言,不一定要坚称这类建议应该只是敷衍了事。当然,华盛顿将军并不认为它们是敷衍了事,而与我们的所作所为相比,他站在与辉格党理论更相近的立场上。一个总统向国会提交的咨文,除了咨文内在的合理性和重要性所赋予它们的份量与权威之外,就别无他物了:而这是咨文唯一的宪法限制。宪法肯定不禁止总统用自身可能拥有的影响力作为咨文的后盾,就像华盛顿将军所做的那样。一些总统感到在我们体制里毫无疑问地存在着一种需要,即作为整体的国家需要某个发言人,立法事务有此需要,并不亚于其他事务。总统努力将建议这种领导方式提供给国会,通过争论、反复申说,以及每次合法诉诸舆论来支持国会。内阁官员都被排斥在国会之外;习惯上,总统本人无从接近议会。法律并没有规定,可是诸多长期建立的先例壁垒阻碍着总统对国会的审议施加直接影响,然而,总统毋庸置疑是全民唯一的代信人。当总统勇于接受领导角色的时候,只要民众被赋予机会,他们就会反复表达自己的满意之情,这一领导角色是总统权力特殊的起源与性质所赋予的。宪法命令总统发声,并且,在非常时期以及变革时期,必须要愈来愈多地将政策发起人的姿态强加给总统。

总统在体制运转当中身居重位,不论他是否接受这种地位,并且,职务是衡量这个人的标准——不仅是他的影响力,还有他的智慧。否决权对于总统在愿意时阻止国会操纵而言绰绰有余。在总统否决的情况下,很少有议案能获得通过,并且,当总统与议会在公共利益的判断上存在严重分歧时,没有总统会对行使否决权犹豫不决。对我们而言,否决权从来不会落入废弃不用的境地,甚至是暂时废弃不用。在英格兰,随着执行权性质的变化,否决权不复存在。自安妮时代起就没有否决权了,因为从安妮统治以来,英格兰法律要么源自表明国王意愿的内阁,要么源自国王不敢反对的内阁;如今,制定法律的内阁本身就是国家的行政部门;否决权将会是对他们自身权力的否定。如果通过内阁不赞成的法案,阁员就会辞职,并且被那些赞成法案的领导人所取代。宪法制定者让我们的总统一职具有更多的权力,因为与其所效仿的国王相比,这一职位更加孤立;还因为宪法用如此明确的条款将否决权授予总统。我们的总统毫不犹豫地行使它,即使它将总统仅仅属于个人的判断置于与国会两院的大多数意见相抗衡的位置上。然而,虽然宪法同样明确地将立法建议权授予总统,但我们的一些总统在行使这一权力时似乎有一些畏首畏尾,害怕会冒犯某种已成为宪法原则的偏好守则。

相较于其他任何公民写给国会的信件,总统提交给国会的咨文在某种意义上而言并不具有更多的权威。国会能随心所欲地留意或忽略它们。在我们历史上的一段时期里,总统咨文完全不具有现实意义,除了报纸编辑之外,几乎没有人不辞辛劳地阅读这些咨文。但是,如果总统拥有个人影响力,而且注意去实施这种影响力,那他的咨文同其他任何公民的意见之间就有着天壤之别了,无论这些公民是在国会之内还是之外:整个国家都在阅读它们,而且感到作者带着权威和责任感在发言,这些都是人民赋予他的。

总统不仅是法律上的首脑,而且是国家政治上的领袖,我们的内阁史为这一理念的发展提供了一个完美例证。总统在政府的早期通常用各政党的领导人填充内阁。华盛顿将军甚至尝试奥兰治的威廉在内阁政府伊始时代的做法,基于政府运行需要倾听并考虑所有观点的理论,他在两个政党中都寻求帮助,将汉密尔顿先生和杰斐逊先生联合在一起。那是英国先例盛行的年代,而当时英国内阁就是由重要的政治人物所构成。但是许多年以后,像其他很多事物一样,人们在现实中也目睹了这件事物上的显著变化。旧的传统实际上在慢慢消逝。至少在加菲尔德时代之前,这种内阁带着巨大的活力持续存在,并且由于内阁的多种用途证明它是合理的、令人向往的,所以它仍有可能不时振作起来。但是后来,我们的总统显然不再将内阁认定为政党领导人的协商会议,这些领导人由他们所代表的政党进行选择。总统更愿意将内阁视为一个私人的顾问团体,这些人由总统从他信任并愿意咨询其意见的一组人里挑选出来。我们最近的总统都没有在那些竞相带来声望与影响的政党高层中寻求同僚,而是召唤他们的私人朋友及商业伙伴占据内阁的位置,这些人在私人生活而非公共生活中证明了他们的效率——从没在政党的正式顾问中占据一席之地的银行家,与政治疏远的杰出律师,在处理公共事务时显示出不同寻常的智慧与熟练程度的私人秘书。仿佛总统自身才是其政党单独的领导者,内阁成员只是他的私人顾问,至少是他个人选择的顾问。克利夫兰先生可以说是在内阁选择时突显这一理念的第一位总统,而且他是在第二次执政期间才这么做的。罗斯福先生强化了这一理念。

基于上述分析,似乎意味着这一点:内阁是一个执行机关,而不是一个政治机关。总统本人不能成为一位真正的执行者;因而,必须寻找一些人代替他行动,这些人拥有最佳的法律才能及工作才能,在政府日常活动中,总统依赖他们进行实际的管理工作。如果总统向这些肩负行政要务的同僚征求政治意见,那是因为倚重他们天生明辨是非的能力以及富于经验的判断,倚重他们在国家、国家商业状况与社会状况等方面的知识,倚重他们作为公民代表所具有的比寻常观察力及辨别力更高一筹的远见卓识,而不是因为认为他们与政治有着非常紧密的联系,或者认为他们以公共事务为业。总统挑选的不是具有代表性的政治家,而是杰出、有代表性的公民,总统将他们指派到重要位置之上,是由于他们特别适合这些位置,而不是由于他们的政治经验。总统在实际的政府管理中而不是在政策形成的过程中向他们寻求建议。在总统看来,他们根本不必是政治官员。

或许有非常充分的理由表明宪法也是以同样的方式看待总统本人的。宪法看来并没有要让总统成为首相或国家的众谘议之首。因此，一些总统成为这样的人，而一些总统没有成为这样的人。这取决于个人及其天赋。总统可能与其内阁相仿，也可能超越其内阁。总统一职不过是一个有利的地位，在此地位可以让总统的有效建议及适时的改革努力势不可挡。总统当然能让国人听取和接受他的意见，一个伟大的人可以充分利用这种优势。如果总统利用这个机会，可以随心所欲地使其内阁成为或者不成为其合作伙伴；所以，内阁的特征随总统的变化而变化。自信的总统视内阁为其执行组织；而缺乏自信或更小心翼翼的总统将内阁还视为政治组织，并且会将那些获得政党信任的人士纳入其中。同总统的政党政府理论一样，内阁性质或许能够成为关于总统职务理论的适宜指标。但在我看来，这两种观念都同样符合宪法。

76

我还完全没有提及总统权力中最重要的种类之一：总统对国家外交关系的控制权，这一权力是非常绝对的。总统拥有不受任何限制的外交事务主动权，事实上就是绝对控制外交事务的权力。总统若无参议院的同意就不能与外国势力缔结条约，但是他可以对外交中的每一步骤进行指导，而指导外交亦即在维护政府诚信及威望的情况下，决定必须要缔结什么样的条约。不到谈判完成，总统不需要公布任何谈判步骤，而且，对于任何重大事项而言，政府在谈判完成时，事实上就已做出了承诺。无论会产生什么样的反感，参议院可能觉得自己也做出了承诺。

我没有详述总统的这一权力，因为在我们的历史当中，只有两段时期该权力对总统职位的性质和权势起着决定性的影响。第一次是当政府还年轻的时候，强行闯进了各国的大家庭，为了赢得它们的尊重，政府不得不使用它的初始力量。再就是现在，与西班牙战争的后果、远距离的财产所有权及诸多的对外贸易之争,使得坚定、明智且公正地对待政治与商业竞争对手成为必须。总统再也不能只是一名国内知名人士了,而在我们大部分的历史时期内他一直是这样的人。我国在权力和资源方面都跻身一流国家行列。世界上的其他各国带着质疑的眼光看待她,半是嫉妒半是恐惧,并且带着深深的焦虑想知道她以其强大的力量会如何对待自己。我们完全信任约翰·海伊*这类人,他们则有保留地接受这类人的坦率声明,怀疑这些声明中为我们所确信的真诚,怀疑他的话语背后都有隐藏的方案。因而,无论是否具有伟大明智的行动,我们的总统必须始终是世界巨头之一,而且,国务卿一职将需要我们所能够产生的

---

* 约翰·米尔顿·海伊(John Milton Hay,1838 年 10 月 8 日—1905 年 7 月 1 日),又译海约翰,美国作者、新闻记者、外交家、政治家,曾任亚伯拉罕·林肯私人秘书,后于威廉·麦金莱和老罗斯福时期任美国国务卿。——译者注

最好的政治家来担任。我们才刚刚看到总统职位所释放的光芒，但它将会越来越多地沐浴在这一光芒之中，而且这一光芒还会越来越多地决定着总统职位的性质，决定着总统对国家政治的影响。我们绝不能够再将总统只当作国内官员而隐其锋芒。我们再也不能将他仅仅视作一位执行者，就像他在十九世纪三四十年代那样。总统必须始终站在事务的前沿，并且，这一职位将如同占据它的人一样重要，一样影响重大。

在这样一个体制里，怎么可能用综合性的术语来概括总统职位的责任和影响，而且这些术语能够覆盖这一职位富于变化的方方面面？从宪法制定者的观点来看，总统将是法律执行者，有可能是国家的领导者，但绝对不是政党的领导者，至少在任职期间是这样的。由于政府内在本质影响力的运行，总统已变成三者的综合，并且不可避免地让总统成为世界上负担最重的政府官员。没有任何其他人像总统那样日程满当、任重道远，这需要他劳心费神，并且需要有用之不竭的活力。单单是宪法施于总统任命官员的任务就可能让我们的一些总统崩溃，因为它是一件无休无止的政府工作，尚未能建立在专业性的基础之上，既受短期任职的困扰，又需不停地任命与解职。相应地，当总统冒险利用机会来引领舆论、在公共事务中扮演民众的发言人时，而民众在每一个大大小小的问题上都求助于总统，时刻准备压垮他。他们对总统解决常规问题与政治问题同样殷切盼望；在需要特定专业知识的问题以及公共事务问题上，他们对总统同样言听计从，并且要求总统通过个人干预解决所有的困难。如果不在某种程度上减轻压力，一般体格与判断力的人不能成为并且担任总统。我们将不得不总在智慧、谨慎且强健的人群中挑选我们的行政首脑——这是一个小范围的群体。

因而，人们应当能颇有自信地预计总统职务未来的发展一定是沿着后期总统与内阁之间关系所表明的那样运行。部分由于华盛顿将军真诚自然的谦逊品质,部分无疑由于异常可靠的实践天赋,他树立了一个榜样,而继任者几乎无人能以任何有体系的方式追随他。在经手的每一件事务当中,华盛顿将军都会始终如一、亲密友好地发挥同僚的作用,当同僚遥不可及,无法当面得到支持与建议时,他就采取书信的方式。所有细致研究我国历史的学者都熟知华盛顿将军卷帙浩繁的公文,在某些特定和私人意义上,甚至在那些看上去是他的个人言论之中,也充斥着周围他最信任的人的话语。从汉密尔顿先生及麦迪逊先生那里返回来的他的初稿,进行了很大程度的修改和重写,而且许多段落都经过了重新构思,被赋予了新的面目。华盛顿常常借助于商议进行思想和行动,出于自身的意愿及明确选择,然而他不仅仅依靠自己的头脑,也依靠别人的头脑。赋予总统的义务和责任只能够通过宪法修改来改变——尝试修改宪法太过困难,除非有比为一个负荷过重的职位减压更具必要性的理由,即使它是这片土地之上最伟大的职位;而且,值得怀疑的是这个国家谨慎的意见是否会同意让总统一职与现在相比不那么重权在握。总统无需逃避任何实际职责,就能够确保减轻自身的压力。举例而言,如果总统愿意的话,职位任命能够越来越多地基于行政同事的建议和选择作出;不仅是每一件细枝末节的事情,还包括每一件次要的决策事务以及一般性的方针,总统能越来越多地让自己选定的顾问作出决定。总统需要为自己保留的事务,只是那些更大的决策事务、对政府事务以及管理政府的人士进行一般性监督,事实上,这些事务在没有日常深入咨询的情况下便不可能做到,但在不去尝试承担直接控制这一无法忍受的负担时便有可能做到。毋庸置疑,大多数总统秉持这种关于总统职责的想法,并且大多数的总统认为自己已经据此行事;但是,我们有理由相信,许多总统在履行自己的职责时过于拘泥于字面意义,并且尝试去做不可能的事情。

我们可以满怀信心地预计,由于总统职责增长的数量之多,由于总统职责必定要伴随国家本身活动的成长和拓展而增长,这个最高职位的担任者通过他们越来越少地将自己视作执行官员,越来越多地将自己视作公共事务的主管以及国家的领导人——商议者以及其行动有助于教化民众的人——将越来越感受他们是在这一职责最真实的宗旨之内行事,并且拥有最巨大的影响力。

第四章　众议院

依照宪法制定者的意图,美国总统将是继辉格模式之后革新并规范化的国王;国会(Congress)旨在成为经过改良与适当调整过的议会(parliament)。在完全变成美国模式之后,总统和国会都从原先模式中决裂出来,并且适应了环境的变化——部分原因在于1787年制宪会议打算要仿效并修正的国王与议会并不是真实的存在,因此主要存在于理论之中。但最主要的原因是,即使在仿效时期总统和国会是真实存在的,也不能通过制宪会议制定出来的任何法律使它们固定在过渡形态上。它们必定在不同的方向经历迅速变革。如果不清晰地追忆这些事实,现在的我们就难以相信美国总统与英国国王、美国国会与英国议会,都源于相同的模式和意图。

正是政府几个部门之间的互动赋予了每个部门最终的形式和性质。以部门分割的方式从构造上来研究政府的生命结构是徒劳的。正如我数次强调的,只有我们把政府当作日常生活与行动的有机整体时,其性质和重要性才会显露出来。在我们当前研究的每个阶段,一方面必须要研究政府的综合权力,另一方面必须要研究民众对于政府的控制。因为没有权力不是综合性的,没有权力能不与有机整体相互协作;并且,在政府机构未能始终接受舆论控制的地方,不会存在宪制政府。因而,如果从两个角度来看待众议院,我们将得到关于众议院最为完整的知识:它与**政府**(Government)其他部门结合的角度,以及它与舆论关系的角度。

如果你请求一名英国人描述英国政府(government),他的描述一定会包含议会。实际上,相较于其他部门,他可能对议会讲述的要更多一些。但是,如果你对他说的是"**政府**",他将不会考虑下议院,而只会考虑内阁,考虑我们所谓的行政部门。通过与英国下议院相比较,可以将众议院在我们体制里扮演的角色阐释清楚,为了让这一比较更富有意义,我们必须将政府一词的两种含义铭记于心,绝不要混淆它们。在之前的演讲里,当我说宪制政府的充分实现没有必要将代议机关变为"**政府**"的一部分,我理所当然指的是变为政府行政机构的一部分,人们期待这个机构有主动精神,作出政策选择,并且在法律之下实际控制国家的生命。英、美两国政府发展之间一个重要的区别就在于美国国会成为了**政府**的一部分,而英国的议会则没有。英国议会依然按照其原先的意图,成了国家的大陪审团及会议,批评和控制**政府**。它不是一个要管理政府的委员会。议会不发起自己的提案,除非就枝节问题才发起自身的提案,这些枝节问题看上就去像是从舆论,或是从特殊情况下的特殊利益中涌现出来,而不是从管理政府中提出的。每一件重要的立法提案都来自内阁。内阁的职责不仅仅是执行：内阁就是**政府**。他们期待议会所做的，不是发出做什么的命令，而是对自己计划的支持，无论是法律变革方面的计划还是政治策略方面的计划。

因此，下议院的所作所为，并不是作为国家立法机关进行任何严格意义上的创造性行为，而是组建和更换**政府**，对于由引导者构成的领导成员委员会，下议院此一时觉得某一个可取，彼一时觉得另一个更可取。下议院不是自己领导自己，而是选择自己应当怎样被领导，下议院不是**政府**，但是它的领导人属于**政府**，它坚持王室让下议院领导者提出内阁人选。坚持王室只能在下议院而不是其他人群之中挑选担任政府行政职位的人，这一至高的行为耗尽了议会创造性的权力。在此以后，议会依旧追随与批评政府。

恰恰相反，我们的国会并不组建和更换**政府**。这样的事是人民在选举他们的总统时所做的。并且,由于国会不能随心所欲地组建和更换政府,它通常以制定法律这个不由**政府**领导的、被认为是自身适宜且专属的领域为傲。制定法律是一项非常注重实际的事务。它不只是将舆论制成命令,至少它不应当这样做。它也不应当成为一种将立法机关成员心仪的改革强加于国家之上的手段,除非有一些简捷易行的办法,在议员未能带来他们想要达成的令人愉悦的改变时,能让他们为其企图改革而造成的不幸后果负责。法律实用性的一面即在于它的实施。就法律修改的可行性和必要性而言,只有**政府**才可能称得上是经验丰富的机构,而且,两院在立法中拒绝**政府**的领导,无疑是我们政治发展中一个值得注意的产物。国会在行使这一职权的时候,踽踽独行于世界所有的立法机关之间。正是在此意义上我称美国国会成为**政府**的一部分,而英国议会从未如此。我们国会根据自己的倡议,在每一个主题之上都自由且习惯性地创制法律,在政府行为当中起着管制与设计的作用,并且在许多方面都是完全独立于那些承担实际行政工作部门而运行的行政委员会。国会甚至对于来自行政官员的意见表示憎恶,因为这是对他们独立性的无礼侵犯。众议院在千般细节上掌控**政府**,毋需承担委派其领导者来指挥政府的责任。这是众议院与它所效仿的英国下议院发展之间形成的更为突出的反差,难以想象会有这种反差的存在。众议院在理论和行动上都移至相反的一极。

参议院确信无疑是**政府**的一部分。根据宪法条文,在与外国政府缔结条约的事务中,在任命官员这个既艰难又责任重大的事务中,作为一个行政委员会的参议院都慎重地同总统联合共事。但这些事务只是磋商性的,需要等待行政部门咨询后方可进行。这些事务中参议院都没有被赋予主动权。参议院不能发起条约,也不能作出任命,甚至不能够提出任命的建议。参议院如同议会一样,需要等候**政府**的倡议,这尚没有偏离初始模式。但是在特有的立法事务上,参议院与众议院的态度并无二样,他们都小心谨守自身的权力,确保在立法当中的主导地位,即使他们处理的法律无疑是行政属性的,并且处理的不是一般性事务,而是涉及行政部门的职责与政府事务的细节。

因此,我们的国会发展在理论与现实之间产生了一个罕见且有启发性的矛盾,这应当引起历史学家的关注,在务实的政治家当中也应当引起同样多的关注。国会和议会有着相同的起源。宪法制定者在构思我们的国会时,当时所设想的议会及国会都立足于**政府**之外,通过他们同意合法化或坚持认为其不合法的方式,起指导和批评政府的作用,脱离行政部门却决定着行政部门的行动,无论这有多么消极。然而,我们的国会基于制衡理论而发展,看似想要保存这种分离理论,让自己投身于统治事务之中;可在此以后的这些年里,议会不加掩饰地基于"将政府几个部门聚集成一个密切相关的综合体"的理论而发展,保存了独立性,且依然等待**政府**采取行动。

自然而然的结果便是我们立法机构的议院组织与议会的议院组织完全不同。我们的议院下定决心要与行政部门真正分离,要拥有独特的生活且具有独立的主动性,要在自身的规划中使自己成为**政府**的一部分,于是,他们不得不创造了一个合适的组织。众议院是一个人数更为众多的团体,必然更加难以组织成一个有创造性并且独立的集合,这使得更为周密的组织得以产生,并且让众议院以精确且简化的程序投身事务之中,而这是参议院没有尝试过的。

众议院和参议院当然是不相同的。他们的组织和性质都不相同,的确代表着不同的事务。众议院的目标是成为民众的议院,通过广泛投票的直接选举来代表人民;而参议院的目标则是代表作为政治单位的联盟构成成员的州。另外,两个议院中的议员任期有所不同。毫无疑问,两院想要从不同的源头获得权威,在公共事务中用不同的声音说话。在我们多变的政治过程中,无论两院多么偏离其原初特性,他们之间依然存在着显著差异,并且,必须指出,两院在公共事务中扮演着截然不同的角色,而不是一模一样的。

在某些特定方面,或许今天两院之间的差异比历史初期更加尖锐与清晰,当时的众议院要更小一些,其功能也更简单一些。众议院曾是辩论的地方,现在它不辩论了。众议院没有时间辩论,否则将会有太多的辩论者,并且将会有太多的辩论主题。众议院是一个业务团体,必须要完成自身的业务。已故的里德(Reed)先生曾经在一个众所周知的场合称:感谢上帝,众议院不是一个协商会议。当他这样说的时候,无疑有着少许玩世不恭的幽默色彩,诸如此类的内容常常使他的话语当中有一种尖刻辛辣的力道,但其中也包含着一位认真的重要人物的端严庄重。他知道众议院大多数事务的着手处理：众议院将自身变成一个庞大机关的趋势；并且，如果它尝试在公开的议院里进行辩论，而不是采取在委员会中辩论这一措施，那它将不可能完成日程表上的工作。参议院还保留着早先的程序规则，没有实质上的变更。这里仍是一个自由、持久辩论的场所。它不会剥夺议员畅所欲言的特权，不论其时间长短。但是参议员在人数上相对较少，他们可以承担得起这种放纵，众议院则不能。参议院可能仍带有单个、原子式的痕迹，但众议院必须是有组织的——一个有效的机构，而不是健谈的会议。

类似于众议院这样一个人数众多的机构，当然不宜通过辩论进行有组织的创制性活动。实际上，辩论并不是一个创意过程，它是批判性的。它不是生产，而是考查。一个大型的会议并不能形成政策或制定措施，而像所有其他公开会议一样，众议院只不过是一个大型的会议,它不宜于处理事务。像其他的公开会议一样,他必须派出委员会来规划其决定。因此,众议院将自身组织成各个委员会——不是偶尔成立的临时委员会,而是常设委员会,它长期掌管众议院的事务,并且被授予了充分的建议权与解释权,其目的是让每一件立法事务都可以有秩序地被一个团体留意,这个团体小到足以理解和完成这一事务。

每一个重要的立法主题都有一个常设委员会。例如拨款委员会、筹款委员会(是关于收税来源和课税对象的委员会)、银行与货币委员会、商业委员会、制造业委员会、农业委员会、铁路与运河委员会、河流与港口委员会、商船与渔业委员会、司法委员会、外交事务委员会、公有土地委员会、土地要求委员会、战争委员会、邮局与邮路委员会、军事事务委员会、海军事务委员会、印第安人事务委员会、教育委员会以及劳工委员会等——可能引起众议院注意的事项是全面的(thoroughly),确实是颇为细致、分门别类的,并且,委员会的数目约有57个。

每一件提案都必须被送至一个委员会。在没有委员会作准备的情况下,无法想象能在任何合理立法议题上形成草案供人考虑。如果应当发掘一个新的主题,众议院无疑会在瞬间创造出一个新的委员会。每一年提出的成千上万的提案迅速得到分配,几乎自动地被转到数个委员会中;而且,必须补充一句,由于是自动地,它们也会消失。汇报给众议院的措施都是由委员会制定的。委员会或许会发现一些议员的提案是合适的、可以接受的,于是不作实质更改地汇报它;或者粗暴对待并修改它;或完全置之不理,并自己制定一个提案;或者他们可能什么都不做,根本不作任何汇报。在交付给委员会之后,很少有提案能够重见天日。众议院的事务是经委员会挑选后让它做的。议会依靠其委员会——**政府**——做什么,国会就依靠其57个委员会做什么。实际上,相较于众议院,议员个人的提案在下议院中得到讨论的机会要稍多一些。当**政府**没有感到时间不够、没有坚持要用尽每一天时,下议院通常在一周内留出一天的时间来考虑议员个人的提案;在这些天内的议程表中名居前列的那些足够幸运的议员,可以荣幸地让他们的提议得到辩论与投票。但是,在众议院,让规则暂停的机会微乎其微,这个事务性的议院对不合乎常规的行为非常顾忌。

正是委员会整体机构的复杂及庞大成了众议院的重负。现在众议院有着超出参议院议员数一半数目的委员会。众议院不能自身选定如此众多的委员会,它甚至不能够理解这些委员会的所作所为。因此,众议院把每一项任命都托付给议长,并且,当众议院陷入错综复杂的委员会及报告书中时,它就会听从于一个具有引导功能的委员会,称之为规则委员会。众议院赋予其议长

90

任命委员会的权力,使得他成为众议院行动中专制的主宰。*

除我们的立法机构以外,其他所有立法机构会议主席仅拥有主持者的权力和功能。会议主席与政党相分离,人们期望他能够严守公正。他主持辩论过程,让辩论过程井然有序,人们期望他对于辩论程序中已被接受的规则不带个人或党派的偏见。就政治领导而言,其他所有的代议机构都依靠政府,而不会依靠会议主席所创制的委员会。我们国会制度的发展使得我们伟大众议院及州立法机构的议长成为政党领袖,在他们身上集聚

---

* 20世纪初,国会政党领袖权力很大。众议院议长有权任命各常设委员会主席和成员。在改革运动的影响下,众议院在1910年修改规则,剥夺了议长任命各常设委员会主席的权力,并规定议长不得在规则委员会任职。[参见李道揆:《美国政府和美国政治》(上册),商务印书馆1999年版,第353页。]——译者注

着所有被政党领袖控制着的事务。就众议院及其分担公众事务而言,议长是无可争议的政党领袖。

委员会中由议长任命每一个人,议长在任命这些人时,不仅着眼于自身希望看到的那种立法,而且还被期待着进行这样的任命——人们期待他如同一名政党领导人那样进行任命。在行使委员会构建的自由选择权时,由于某些根深蒂固的认识和先例,确实存在着大量的掣肘,无论如何,违反它们的人都会受到资深议员的深深猜忌。在委派更重要的委员会职位时,必须要考虑到工作资历问题;不言而喻,某些重要的主席职位的继任,要遵循个人优先与个人考虑的一定之规。但是,在以这样的方式决定议长的多数任命时,总是可以让他具有直接、持续地控制众议院行为的权力,这是如今人们期待他作为多数党领袖所应当履行的权力。即使是议长在特定公共问题上的意见,他也会在任命中毫不犹豫地坚持己见,以免他代表的多数党有机会将为人所知晓的心仪议案投票表决,因为由议长组建的委员会将会根据议长在这一问题上的偏好来报告议案。委员会没有报告的,众议院就不能对其表决。如果提案的性质或涉及范围存在任何争议,可以将其分配到由议长指令而挑选出来的一个委员会之中。同样,根据众议院考虑的某件事务的时间分配,将委员会报告指派到各自日程也是由议长决定的,议长可以决定分派给报告的时间段是有利或是不利的,可以决定这些报告有无到达议会的可能。

此外,由于议长"认可"(recognition)的特权,产生了他对辩论存在超常控制力的现象。除非"获得认可",亦即从议会主席那里获得发言权,否则没有人能在会议上发言,这是议会实践中常见的现象。即使只考虑常设委员会数量众多、活跃程度令人惊奇的报告,众议院还是常常感到时间紧迫,它将这些报告的讨论局限在非常狭窄的范围之内,并且将每一个报告可用的短暂时间的较大部分都分配给做报告的委员会主席。其他的议员可能获得数分钟的时间,这个时间是先前与委员会主席商定的,并且,一般而言,那些因此得到发言机会的议员名单就放在议长案头。议长将会"认可"这些议员,然而其他的议员则不会得到认可,即使他们在议长眼皮底下议席之前的场地匆匆起立——实际上,除非他们事前与议长会见,并且得到他的允许时才能发言。任何之前没有与委员会的主席或议长商定事宜的议员,都不必起立,或试图引起议长的注意。并且,在事务议程表的间隙,那些没有告知议长的意向是没有希望获得议会的允准而提出动议的,除非确实是那些会议会中某个政党的领导人的意向。如果议长愿意,可以决定什么提议是他允许众议院听取的。

近些年来,规则委员会的功能得到了非常突出且重大的发展。起初,它的功能非常简单:在两年制会期的一开始,当新的众议院汇集或新的组织产生时,向众议院报告新组织行动时所要遵循的章程;在新国会选举之后,将委员会每一次重组所重新采纳的全部规则报众议院进行细致的形式审查。从一个会期到另一个会期,章程得到修改,现在是一种特定形式,接着又采取另一种形式。章程在任何时间的任何改变的计划都要提交至规则委员会考虑、报告。但是,如今人们期待规则委员会所做的,还要加上制定程序上的临时决定和计划,这些决定和计划能够让众议院摆脱事务的纷扰,并且着手处理那些国家期待它解决的议案,或让众议院不能忽视的**政府**所需的方案。多数党对此心知肚明,如果他要守信于选区,就必须禁止委员会的报告混杂在拥挤的日程表中,阻拦他们承诺要解决的矛盾。这个委员会因此而成为政党机器之中非常重要的部分。它由五名成员构成,议长自身、其他两名多数党的代表,以及两名少数党的代表。多数党的成员理所当然地控制着委员会的行动;少数党的代表们仅是形式而已;并且,与议长联系在一起的两名多数党议员,通常是议长信赖的副手,议长从他们那儿可以得到对其领导的衷心支持。一名自信的议长微笑着将委员会描述成由议长及两名助手构成——这是一种对委员会是他统治众议院工具的委婉表达。议长对规则委员会的直接控制,使得他作为平民议院独裁者的权力得以实现。

然而,如果要实事求是地使用一个词汇而不夸大其辞的话,我们的政治词汇表中真没有"独裁者"一词的容身之地。议长的非常权力不是个人的权力,他与独裁者一词格格不入。议长是一个领导者,同时也是一个工具,是多数党控制众议院进程的工具。人们之所以服从他,是因为多数党决定这样进行治理。规则都是多数党自身制定的,而且他们可以随心所欲地废止这些规则。他们可以否决议长的决定,并且像在任何其他议会里那样纠正议长的决定。多数党只是发现把自己交到议长之手最为便利而已,其目标是效率,而非辩论。

众议院原封不动地通过委员会提议,几乎毋需辩论,这也是一种夸大其辞的说法。某些议案经过一番充分讨论是合乎政党利益的,且显然不亚于合乎公众的利益。特别是一些金融议案,它们得到很多次透彻的讨论,而其中的许多问题已经引起了公众的注意。并不是一切事务都要由规则运行、日程表中的机会以及议长与其助手的命令来决定。人们可能指望规则委员会所做的,不仅是将不重要的议案清理出去,还要为重要方案的讨论做筹备工作。

监督全体的是党团会议,即多数党议员的院外会议,议长需要服从其结论,并且,每当议员觉得议长太不负责任、太武断、太专横以及太不顾及议会普通议员之间广为流传的意见时,都可以诉诸党团会议。党团会议是政党机构中正式成立且备受尊敬的部分,并且,政党在议会里没有组织起来进行决定的问题,可在众议院之外的这个政党会议中决定。那些不希望被党团会议决议约束的议员,可以拒绝参加该会议;但是这是对政党纪律非常严重的违反,并可能让冒险从事这一行为的议员蒙上背信弃义的不誉。那些希望在政党内维持其地位的议员应当参加党团会议;而那些参加党团会议的议员应当遵守它的决议。这是一种不遗余力维持政党团结的方式。党团会议是自由的会议,人们在这里可以畅所欲言;但会议是秘密举行的,而且,人们在会议之外对辩论中可能揭露的分歧避而不谈,通常这是事关荣誉性的细节。

正因如此,众议院才能使自身"卓有效率"。众议院的理想是处理事务,它害怕变成为一个清谈俱乐部的程度,与卡莱尔先生期待它成为一个清谈俱乐部的程度差不多。如果众议院必须讨论,它就分部进行,不在议院公开进行讨论,而是在其委员会办公室进行。委员会办公室是私密的。除非有委员会自身的明确许可,否则没有人拥有进入委员会的权利。就特定议案而言,委员会经常会举行正式的公众听证会,邀请那些利益相关的人作为代表,对立法提案提出自己赞同或反对的意见。但是,人们将这类听证会视作是例外的情形,而不是一项权利,而且,对导致任何委员会向众议院做特殊建议的争论,通常而言公众什么也听不到。委员会主席向众议院所作的正式解释,其中很少含有反对意见的成分,毋庸置疑,在私下进行的委员会的会议里,这些反对意见会很直白地表露出来。

由于每个委员会都是一个微型的众议院,根据少数党在众议院的人数实力,它在委员会中也有相应的代表。因此,每一个委员会中都有代表双方政党观点的人,而且,有时会发生这样的情况,当没有针对议案划定明确的党派分界线时,少数派成员的意见在报告的形成过程中很有影响力。就多数党在选民面前明确表明立场的事务而言,委员会中的多数派成员自然会坚持己见。他们往往会就这些事物频频与议长磋商。但是,就那些不构成政党争端的议案而言,多数派成员愿意偶尔重视其少数派同事们的意见。在委员会里,多数党和少数党之间有着非常随和与友好的关系。在那些不得不涉及高度技术性事务的委员会,如制造业、银行业、海军建设、调整司法程序等事务,或者牵涉前例,只能依据某种丰富、深入体验才能予以理解的事务,如外交事务,长期供职于众议院且早早熟悉所议主题的少数派成员,在不小的程度上能够引领和支配他们被指派的委员会,这是经常发生的事情。由于不那么正式,且较少触及政党情感,委员会办公室比起众议院来更有可能公事公办。

97

同多数党一样,少数党也同样拥有自身的政党组织:为了会议而正式选定的领导者、为了促成共同协商的党团会议。少数党其实并不像多数党那样纪律严明,因为它居于反对党而非执政党的位置,可以允许议员在个人言行的选择上有着更为自由的发挥。但是,当任何重大政党问题显露出来,并且国家希望少数党表明态度时,为了共同行动,少数党组织足以集聚它的影响力;并且,只要选民赞成,当少数党的领导者变为议长时,在极短的时间内它就能准备好让自己变得像多数党那样拥有完备且有力的组织。

无论你是在讨论众议院的组织,或是讨论众议院的行为以及政治权力,所有分析路径都返回到议长这里。众议院是如此的体系化与集中化,理所当然让这个机构成为我们全部政府机构中最为重要的部门之一,而集众议院权力于一身的议长,在我们复杂的体制当中被认作是与总统相当的最伟大的人物。伟大的平民院中全部强有力的机构都由议长支配,并且整个国家都知道他将如何有效地使用它。无论参议院是多么的有影响与重要,它的能量都不是集中于任何一人。没有一个参议员将这个巨大的政府机构权力集于一身。参议院领导人就立法事务与另一院进行的所有磋商,都是在与这个单一领导者、众议院的人格化身之间进行的。总统与内阁成员也同样如此。总统作为全国性的政党领导人，必须要始终重视众议院的引导与支配作用，没有众议院的批准与同意，总统几乎不可能采纳任何法律措施。总统的举措若要获得成功，必须要得到它的支持与赞同。内阁成员如果想要获得他们期待的拨款，或确保措施能带来圆满成功的结局，他们视该结局为部门管理所必须，就一定要研究议长的看法与意图。人们可以这样总结我们政府中的活跃元素，其构成包括：总统，具有他视野范围内的所有权力；众议院议长，具有代表平民院多数党发言人的权力，有着非常高效的组织供其驱使；能言善辩的参议院，无疑它是由个别有影响的、值得信任的人士所引导，它是一个协商会议，而不是一个系统组织。

下议院组建和更换政府，众议院选举和更换议长。下议院产生内阁后，其创制功能便耗尽了，类似地，众议院选出议长后，其创制功能也耗尽了。作为一个整体，他们其余的功能也耗尽了。至于其余的功能，他们可以服从与评判:服从五十七个或一个委员会;评判议长及其委员会,或评判升至统治位置的内阁。一个人数众多的会议不能再做更多的事情了。

必须相信,相较于众议院在产生一个全权议长、57个委员会,以及让它自身取得更大的权力等方面的所作所为,下议院在产生一个特定委员会以及确保它指挥政府的权力方面的所作所为要更富效率一些。有理由相信众议院有时会发现数量巨大的委员会是一个包袱,而且它们肯定不能同样好地为众议院服务。常务委员会的平均人数是12人,所以填满委员会职位所需要的总人数为685人。众议院的总人数仅为357人,因而,每名议员需要在两个委员会任职。职位的任命并不是均匀分布的,但是每名议员都被给予了一定的职位。新议员、几乎没人认为能够安置于委员会的议员,他们无所事事,或做一些轻松的、循规蹈矩的工作;众议院将许多的委员会保留在其名单之上,而这些委员会不再具有任何真实及重要的用途。但是,许多有重要工作要做的委员会却由那些只拥有中等之才且公共事务经验不足的人士充任,无论就议长何种公平分配职位的任命而言,这种现象时常发生。真正的业务领导者与主管寥寥无几,并且被迅速分派至两到三个委员会中;而且,将一个人分派至委员会,实际上就是让他在除了提交至其委员的每一项立法事务都三缄其口。议长必须对什么是提交至特定国会面前的重要事务拥有特别清晰的远见卓识,能够以最好的处置方式分派最杰出的人士,在最需要的地方给予众议院以效率。大多数委员会中的成员必须从普通议员中获取。仅仅只有在少数几件事务上,众议院才能使用其杰出之士,而且还必须要将就使用余下的那些平庸之士。

众议院孑然而立,因此,它自身就足够承担宪法授权处理的每一件事务。众议院本来可以拥有下议院那样的幸运,获得控制**政府**的权力,相较于它本应成为的那样,现实的它则是一个权力与影响力都小得多的机构。在任何组织当中,独立即孤立,孤立即软弱。没有了支配性权威,就只能拥有兜售偏爱事务的权利,只能以妥协换取妥协,只能通过各种意见的妥协才能达成一个协议。永远不能有多出一点的自行其是。像众议院所做的那样,从一个复杂组织中分离出来,就只能独自发挥作用,只是一个平衡机制,相较于此,像下议院所做的那样,以最高权威来监管**政府**当然是一件更为重要且更具影响力的事情。政治动力学中一个有趣的结论就是,在事务的管理中,一个戒备旁观且避免任何亲密方式合作的机构,其控制机会将减少,只能得到讨价还价的机会。如果它足够强大,能够进行统治,合作将为它带来至高权威;如果它不够强大,不能够进行统治,从妥协和讨价还价中也将终无所得。由于国家事务变得更加复杂、更令人关注且更为艰难,并且在事务管理上需要政府权力得到更好的调整,几乎不可能指望众议院还能安于其辉煌的孤立状态。

我们钟爱效率,并且,作为一个务实的民族,我们对众议院全面且彻底的组织、热衷行动以及惮烦讨论都非常钦佩。但是,如果我们政治机构的每个部门都是为了"事务"而组织起来,那么商议和评判将从何而来呢?我们从来没有像今天这样更加迫切地需要它们。如果我们当前的代议机关要采取行动,对于它们变成与行政机关无关、分离的部门,我们一定要思忖再三,并且必须要创制另外的以讨论为宗旨的议会。因为,如果失去了透彻、经常的讨论,就不能在真正的宪政精神当中处理公共事务,除非我们对宪制政府的分析是错误的,我们所认定的宪制政府,是依据管理者与服从者之间明确的协议而运转的政府——这个协议不仅仅由基本法、宪章以及宪法所设立,而且还要根据代议机关的评判与指令以适应于每一时期与每一代人,代议机关的事务不应当是实际履行政府职能,而是在舆论与权力之间保持完美的平衡,这正是整个问题的本质所在。

讨论不绝于耳。因为有报纸的新闻专栏及社论,我们让自己幻想政府行为已经得到充分的讨论,并且与舆论融洽无间,因而,我想我们已经开始认为辩论在立法机构中不像它们曾经的那样,已变得无足轻重。不过,即使主要的报纸并不是被特殊的利益集团所占据,即使这些报纸的言论真正说出了刊行所在社区的一般看法,它们对于公共事务的讨论也不是维系宪制政府所要求的那种讨论。关于报纸有很多可谈论的,能够立即让这个问题变得清晰。一方面,在大城市之外,几乎无人阅读多种报纸。因而,几乎无人能够从放置其前的报纸中了解到问题的多个方面,并且,他们常常根据对报纸的选择,事先决定自己应当采取哪一立场。但是,重要得多的是这样一个不被人知的事实:不论对某个问题单独讨论的数量是多少,不论这种讨论是如何汇集的,不论这种讨论源自于多少不同的观点、多少不同的报纸,或这个国家多少不同的地区，它们所形成的意见都不能与一个尽责的议会从辩论中能够确立的意见相比拟。

通向行动的讨论必须是混合的、综合的，由诸多元素构成，否则，通过周全且可靠的程序也可以由几个元素构成，可以这么说，只有当这几个元素是由人们面对面亲自提出的，体现了选举人授权的发言人活生生、有竞争性的力量，且经常给人一种一诺千金的感觉。共同商议不是杂乱无章的商议。众议院委员会办公室里通常存在共同商议，但是众议院自身却根本不会有共同商议的存在。不言而喻，议会的联合行动不是共同商议的产物。它们由上千机构产生，而不是由一个机构讨论获得，并且，它们不是在国民面前讨论获得，而是在闭门造车。

听上去也许微不足道，但讨论其实是一个非常真实的问题，值得调查研究。讨论处于我们政府实践的核心位置，但正因为不去调查研究或理解它，我们有时才会容许自己认为,与我们代议机关的程序相比,如今得到如此多的谈论却不能完全被人理解的"创制权"与"复决权"才是理解公共舆论更为彻底的方式。如果你只是听取那些知道自己无须处理行动中危险问题的人的意见,只是听取那些只是形成一个单独亦即孤立意见的人的意见,而这一意见尚未进入共同商议之中,那么,诸多激进的方案或许能得到几乎一致的赞成。但是,你很少会发现一个协商会议以半点这样过激的方式行事,例如会议中的几个成员声称自己意愿在聚集某地、让问题得到充分讨论并设计章程之前就行动。这并不是说他们丧失了信心,或者说他们没有恪守自己在作巡回竞选演说时的承诺。他们首次准备好将自身的思想观念与其他人不同的思想观念放在一起,这些人拥有着不同的经验,不同的偏爱。他们面对面看到持不同意见的人,并且慢慢理解诚实的品格与无私的信念是多么正直,并且具有什么样的力量,或者慢慢理解相反观点可能含有的大量有说服力的现实理由是什么。他们学到的东西要比任何人能事先知道的东西都多。共同商议并不是扎堆商讨,不是相加求和,不是数人头。共同商议是诸多观点实际碰撞之后的合成物,是由诸多头脑、人格、经验等重要材料创造出来的有生命的东西。而且,只有通过实际会议中必不可少的接触、面对面的辩论、口头表达与意见之间的直接交锋,才能形成共同商议。

正如我所说过的,众议院委员会办公室无疑常常会有真正的共同商议存在;但是,委员会办公室是私密的,并且为数众多,如果将他们整体的辩论对外公布,只会令国民感到困惑。任何人不能通过这样的国会记录而被人接受。真实的国会记录令人失望,因为它似乎缺乏真实性。其中包含的演讲往往看起来都是些夸夸其谈,是些彬彬有礼的争论,它们是那样的充满欺骗且拘泥形式,以至于看上去根本不像是重要的讨论,而像是些打算以政党辩护的方式而产生作用的东西,或者要让边远选区读起来印象深刻。简言之,这种讨论根本不是真正短兵相接的讨论;而且,人民发现木已成舟,他们只是不知道立法机构为什么做这些事,怎样做这些事。立法的过程不是足够公开、毫无保留且显而易见。委员会办公室里隐匿了太多的东西。而隐匿的任何东西都会令人怀疑,不论它可能是多么的可靠。这一行动的机制过于复杂,难以被人轻易了解。怀疑隐密影响的口实,要比理解真正发生了什么的机会多得多——其实其中大多数事情足以称得上是杰出、诚实、务实且富有效率的。

对于众议院这样一个机构而言,舆论很难公正地评判它,因为舆论很难明智地评判它。如果舆论不能理解众议院,当然就会对它感到不满意。另外,像委员会这样一个在立法时混合如此繁复程序的机构,很难让自身进入与其他政府部门进行有效合作的状态——综合,而非对立,是政府的全部艺术,是权力的全部艺术。我无法想象权力是一个消极的存在,而不是一个积极的存在。

通过说明众、参议院之间的关系可以完美地诠释这一问题。必须要指出的是,他们并非像条款规定的那样亲密无间、同心协力。由于参、众两院都期待保持它们的区分与不受侵犯的独立,并且都期待成为自给自足的权力,所以他们之间存在一丝丝的嫉妒与敌意。就任何使民众真正产生兴趣的立法主题而言,当他们形成有鲜明差异的不同意见时,有时优势在其中一方,有时优势在另一方。参议院具有的优势是:他不仅仅是委员会的聚集体,而且是公开的讨论会,并能在深入辩论中列举自己的理由。众议院具有的优势是:他被认定为更具有真实代表性的议院,并且与国家的普遍情感有着更为直接的联系。同时众议院还具有的优势在于,它处于完备的纪律之下,在有必要利用手段取得优势的这类意志较量时,可以随时准备迅速完成交待的任务。但是,无论竞争的结果如何,最终的结果什么也不能证明:如果众议院获胜,不能证明众议院中大众的同情心获胜;如果参议院获胜,也不能证明参议院进行了更好的讨论。当会议临近结束时,各个议院都会任命协商委员会,这两个委员会相聚在一起,并且在工作匆匆就要休会的时候努力解决两院的分歧;在会议正要闭幕时,两院无需辩论就匆忙通过了会议报告,这个报告只不过是一份折中的拼凑物;或者两院拒绝妥协,推翻整体问题。甚至当参众两院多数党派属于同一政党时都不存在共同的领导。充其量这是一种无计划的混合立法方式,容易受到许多意外事件的影响,并且,当一个忙碌的人偶尔心不在焉地观望时,他将无从理解这一方式。

活跃、创新的政府机构在组织上是如此复杂与割裂,导致政府在真正意义是群龙无首的。我将在最后一讲提到作为其政党及整个国家的领导者的总统,但是,即使他明确行使这种领导权,并且是在他绝对拥有任何有创造能力的角色所需的个人影响力的时候,可卓有成效地行使这种领导权,也不能将他称为整体**政府**的指挥者和领导者。正如我所解释过的,我们的**政府**包含众议院和参议院。它正是在这一方面与其他所有的政府形成对比。并且,在我们细致划分的**政府**中,每个部门都就领导力进行了不同的安排。参议院服从于一小撮参议员的指导,这些参议员唯恐失去他们所掌控机构的独立性。众议院处于议长的指挥之下。行政部门由总统掌握,当议院想着自身权力的时候,他们眼中的总统就是一个局外人,并且,他们倾向于将总统的建议视为是竞争对手而非同仁的建议。

当立法事项正处于讨论之中的时候,我猜测国民倾向于认为议长而非总统才是华盛顿的主要人物——至少是在所有的寻常时期,并且是在全部平庸总统的领导下。然而,由于总统的意见会被全国人民听取和接受,并且他无疑是国家选定的发言人与代理人,如果总统选择诉诸国民的话,会将众议院置于一个极为不利的位置上。正是这一点使议长与总统之间存在巨大差异,而如果你的见识只囿于华盛顿特区的话,就会慢慢将两者形象视作几乎是相同的。众议院议长没有诉诸国民的习惯,如果这样做了,他会觉得自己荒唐可笑。国会中一个议院的执行官,自身只是某一选区的代表,通过某些演讲或争论的公开呼吁求助国家,让国家在他和总统之间进行选择,这将可能会令人形成不愉快的印象。言简意赅,使用高深莫测的话语,并且将自身限定在管控者这个适宜的角色之上,这些都是议长具备良好品位的要点,同样也是一种良好的政治策略。但是,无论何种争论,无论何种计划的披露,无论何种自己中意的解释,总统在愿意的时候都可以求助于国家。每一个人都将阅读总统的论述,特别是如果带有任何悬而未决的竞赛色彩时,而几乎没有人会阅读众议院的论述,那里没有人代表整个机构或国家说话。并且,特别是如果国民恰巧与总统相一致的时候,如果总统能争取国民接受其观点,无论两院是否乐见于此,领导权都归属于总统。两院都处于不利的地位,并且可能不得不屈从于总统。

对于希望理解研究对象生存状态而不仅是理论的政府研究者而言,问题真正含义在于与国民本身有着最直接交流的政府部门拥有最强大的权力——正如一个人在任何宪法体制之下当然希望的那样。就国会而言,一个明显的事实便是:国会由于觉得自己要扮演独立政府部门的角色,出于这一需要,它作为舆论机关的权力大大削弱了。众议院在让自身成为事务机构的努力中,在没有协助与建议的情况下履行立法职能的努力中,在制定自己的法案、思考自己的举措、发起自己的政策的努力中,事实上已经使得自身归于沉默。国民不再期待众议院的商议;不再期待因众议院的言行而能更好地理解其事务;渐渐将国会认定为一件高效的法律制定机器,而不是一个协商性的会议,让人们在其中的辩论中可以期待看到公共问题得到澄清,争议事项得到解决。

众议院仿佛失去了自身的一般性能,失去了自身无可质疑的完善性,这种完善性让他拥有给国家提出忠告的首要特权,拥有在公共事务中成为国家首席发言人的权利。

当使用单一牛顿式的部门平衡视角来考察我们的宪政体制时,至关重要的部门综合总是与我们相去甚远。但与研究其他任何政府一样,这是一种对角色和舆论影响力的研究。如果总统要将其党派与国家舆论带进他的任何计划与措施之中,必须要研究同他打交道的两种不同议院的真实特性与倾向。参众两院必须要互相研究,并且,必须要坑一种非常困难的妥协博弈,为的是在立法时维持一种切实可行的融洽或合作。参众两院有着不同的特性与传统,他们相互之间都存有猜忌之心,却又被迫达成一致。那么众多且那么巨大的权力之间必须相互合作,然而又相互独立,没有人能针对它们之间将发生的问题制定出任何规则。时间、环境以及高明的管理才能确保这些权力之间的联合与活力。他们之间联合的法则便是舆论。舆论,并且只有舆论才能让他们集聚在一起。因而,最能够直通舆论的政府部门拥有领导和控制的最佳机会,而目前这一机构便是总统部门。

当政府各部门不再就正在做什么及拒绝做什么给出理由,并且不再公开给出确凿的理由时,它们就会失去相应的影响力与威望。从长远来看,相较于仅仅知道某些事情已经做了,虽然出自良好的意愿,但却是仓促决定的,国民对已做的正确的事情,并且做得明智更感兴趣。的确,舆论有的时期会过度兴奋,青睐行动甚于商讨,但在宪法行动上接受过深入思考及自我控制训练的民众当中,这种时期是非常罕见的。如果不论在多长的时间里都保持对国家信任,共同商议就是权力的本质所在。因而,对于众议院发展最为重要的一个评论便是:当众议院让自身变成**政府**活跃的部门,当它陷入高效、有条理的董事会的无声状态时,它就被迫放弃集聚国家共同商议与行使评判权的更高职责,评判权是巨大的、统治性与主权性的权力。评判可以组建和更换政府,但是委员会办公室内的会议却不能。众议院如果一定要发起自身事务,且一定要独立行动的话,它就不能成为国家的呼声。

第五章　参议院

公正地评价美国参议院实属不易。没有机构得到过这么多的讨论,没有机构受到过这么多的误解和诋毁。曾经有一段时间,我们对参议院不吝溢美之词。我们加入到国外评论家和鉴赏者的行列,称参议院为我们政治制度中最令人钦佩的机构之一,就像称它在我们政治制度中最具原创性一样。如今,我们也同样恣意于对参议院的恶意批评。我们怀疑它每一个邪恶的目标,我们注视着它每一个丑陋的动机,并且,有时几乎要将它从我们的信任中整体驱逐出去。

其实,在你的想法中,参议院可能会变成让你称心如意的任何东西。参议院是一个多元化的复合体,它所包含的诸多因素构成了它的多重性,并且,如果一个评论家愿意,他可以在某个时候将注意力集中于一个因素之上,他可能认为参议院大部分都是好的,而将其余的都隐藏起来,或者认为参议院绝大多数都是坏的,并且将所有与他邪恶论断不相符的东西都置之不理。其实,参议院拥有相互矛盾的特征,呈现出许多面相,难以形成确定的归纳。它与众议院截然不同。众议院是一个有机体,它苦心孤诣地让自己变成这样的一个有机体,并成为单一纪律之下的一个工作机构;作为一个由个体构成的机构,参议院不那么具备组织性,不可思议地保留了其原本打算拥有的特征,几乎没有加以修正。

正如我在之前的演讲中所说的,不可能用任何单一的归纳来刻画美国的特征;正是出于这一原因,不可能将参议院总结成任何只言片语或概要描述。因为参议院与它所代表的国家一样也是多样化的。参议院代表的是国家,而非人民;代表的是国家诸多不同地区,而不是聚集一起会变得整齐划一的国家人口。

如今,我们在参议院还能看到国内公众人物积极分子中的多数领军人物,但在众议院就看不到了。以前不是这样的,在众议院变成一个高效、非辩论的业务机构之前,它拥有的杰出政治家数量与参议院旗鼓相当;但近些年来情况并非如此了。组织吞噬个人,辩论使他们具有个人特色。具有坚强性格及活跃思维的人,通常都会青睐那些让他们拥有最充分的自由来发表个人意见、自主行动的职位。对于我们的公众人物而言,参议院始终是他们心仪的宏伟目标之一;而随着众议院越来越多地将公开商议的职能移交给参议院,参议院就越来越成为公众人物的青睐之地。

当然,参议院的人数比众议院更少一些,而且,作为90名成员机构中的一分子,比作为357名成员机构中的一分子要引人注目得多。再者,美国参议员的任期是众议员任期的三倍,在让国家留有印象方面,每名参议员一定会感到六年比起两年的时间更具有相当大的优势。

他有时间发现自己要从事什么,有时间攻克一项艰巨的任务。无论是较少的人数,还是较长的任期,都有助于参议员形成个人特色,并且给予他们众议员所不常拥有的优势和重要性,除非这些众议员能够晋升至拥有实权的三四个位置之上,这些位置处于众议院委员会机构的顶端。

然而,这些都不是众、参两院之间极端、根本的差别所在。规模与任期毕竟只是细枝末节的问题。它们在赋予参议院特征方面是重要的,并且非常重要,但它们还没有深入到两院之间的根本差别所在。作为宪制政府机构之一的参议院,赋予其真实特征及重要性的是这样一个事实:参议院并不代表全体人民,而是代表着国家的区域,这些区域是由我们宪法的奇特程序分割而成的政治单元。因此,参议院代表着国家的多样性,众议院则并非如此。参议院并非主要从人口最为稠密的那些地区选取议员,它在每一州与地区都选取同等数量的议员。

我们政府的那些评论家——我相信,他们无一例外都是国内的评论家——对参议院建构的基础进行批评,即联邦中没什么财富、人口稀少的州与最为富有、人口众多的州在参议院里的代表人数相同,最新、最少开发的州与最古老且高度组织化了的州在参议院里的代表人数相同。对我而言,这些批评完全误解了参议院的评判标准,在我们的体制之下,应当将参议院视为宪制政府的一种工具。

首先,这些批评家假设在国家一般政策及发展上,与较老的州以及工业得到巨大发展的州相比,较新、较弱或人数较为稀少的部分地区所占的经济比重要小一些,这个设想是完全错误的。在纯经济意义上,可能它们所占的比重是不相等的——理应如此——但所涉的全部生存机会可能是更为重要的标准。可以说,对于国家繁荣而言,穷人的利益比富人的利益更为重要:穷人毫无储备，而且他的生活都仰仗国家的繁荣。不发达社区的生活所仰仗的东西，也许只会对较富裕的社区造成暂时不便，或者微不足道的烦恼。尽管这些对于参议院组成、性质惯常批评的正确性而言至关重要，但相对于问题的关键点而言，其实是无关紧要的。

参议院所代表的一些州并不是真正的共同体，不像大多数较老的州，它们没有独特的历史特征，没有自身独特的社会及经济特色，这同样也不会产生严重的后果。确实如此，只需看一眼美国地图，你就能了解联邦许多较新的州完全都是任意创建的，公共土地测量员用经纬仪确立了它们的边界。它们是巨大棋盘上的方块，是在宽阔的平原上用心制作成的矩块，在那里没有自然分界线将地区与地区分隔开来；国会在一开始将这些人为的方块认定为准州地区，它们一个接着一个转化成为州，每一个州将两名人士送到参议院中，就像是弗吉尼亚以及马萨诸塞州那样，这两个州的边界与机构的历史是长期宪法斗争的历史,从一开始,这种历史就让它们拥有了自身的特性与目标。西部州的许多方块地区是由公共土地测量员所布局的,如今,与东部地区的姐妹们相比较,它们拥有更为同质的人口以及更清晰可辨的个性,混杂的移民进入这些地区使得社会动荡因素倾泄而出。这些地区的分隔状态以及政治组织确保了他们能够自我发展。

即便如此也不会产生严重的后果。即使联邦每个州都是人工创建的,不是一个自然形成的社会,只不过是为参议院选举而划分的区域,在一个像我们国家这样的体制里,我刚刚特意指出的至关重要的原则是不会更改的、不会受到影响的。这一原则就是,在本质上如同我们国家这样的一个多样化国家里,一定会在社会、经济甚至于政治环境上呈现出相当大的不同,毋须考虑人口,地区必须要有代表。不仅国家的人民应当有代表,国家的区域同样也应当有代表,这是至关重要的;并且,参议院是地区的代表,与地区集聚人口的代表截然不同,参议院比众议院更能充分、真实地代表地区,任何真正如此理解参议院的人,其心中对前述内容必定确信无疑。东部和北部是聚居地区、人口众多且工业得到高度发展——这些地区在梅森—狄克森线以北,密西西比河以东。这种情况不会持续很久。在南部地区、密西西比河以西的中西部地区、太平洋沿岸地区以及连接海岸之间伟大交通线的沿线地区,它们在大小、重要程度上都可以与东部以及西北部老城市相比拟。由于拥挤的移民以及积聚的商业,以前不过是人烟稀少的许多地区迅速变得稠密起来。但就目前来说,如果我们可以在一般意义上使用"南部"与"西部"这些词语的话,这些地区并不是财富和人口的中心,与贸易及工业的市场相比具有不同的特性。西、南部地区的参议员比东、北部地区要更多一些。随着特定区域人口的集中,众议院往往越来越多地代表着特定利益及观点,缺少广泛性,并且观点越来越专门化于国家事务上。众议院主要代表的是东部和北部。参议院是众议院不可或缺的补充,总是以地区的构成规模、多样性、异质性、范围与广度来说话,而这些都不是一个群体或一组群体所能充分代表的。国家不能由单一样本或少量几个样本来代表,它只能由众多的样本来代表——与国家的组成部分一样多。

因此,参议院更多代表着国家的个别区域,而不是国家的典型区域。如果我们能假定美国的典型区域是那些最为发达的地区,前种说法无论如何都是真实的,那些地区人如潮涌,大型社区的工业发展迅速,在那里,我们的生活最大程度地显示出它的活力、狂热的进取心,以及获取物质成就的天赋。其他社区无疑更具备美国形成阶段那些为人所知的特征。只有现代的访客、我们自身时代的访客才能知晓工业化的美国,它是世界所有进程的领导者,无论是物质上的,还是精神上的,它创造财富,积聚力量,是制造业以及巨型城市之地。南部及西部各州，以其更简朴的生活、更分散的民众、麦田、金属矿山、小镇、更轻松的交流节奏以及并不排斥伙伴关系地工作，依然代表着更为古老的美国。

当然，在国会代表东、北部选区的选民，要比代表西、南部选区的选民更容易一些。无一例外的是，与东、北部地区相比，西、南部地区有着更多的个性特征。在民众蜂拥而至的地方，身为其中一员的我们是多么频繁地重复着彼此的观点，多么频繁地向彼此的影响屈服，多么罕有地返身离开以做回自己，并说出我们真正独到的思想。每天与成千上万的同胞相接触，在每一次邂逅中将自己的思想融入到与其他人思想的联系中，通过纯粹地消磨以适应一个普遍的模式，你慢慢地将个性特征从自身擦拭干净。你的意见是每一个人的意见；我的信息是当前俯拾皆是的公共信息；你的思想，如同我的思想，如同我们邻居的思想，昼夜都在众声喧哗的无数噪音中饱受攻击，并且，共同的氛围给了我们相同的习惯和态度。只有非同寻常的人才能在这种整齐划一的压力之下保持个性。不论是行为习惯还是思维习惯,特立独行总是令人不快的,那里有着太多的人袖手旁观且议论纷纷。随波逐流是最容易、最平坦及最安全的道路,不计其数的民众就行走在这条道路上。迪安·斯威夫特为所有想要赢得明智之士美誉的人建议道:"要永远赞同与你交谈的人的意见。"在人满为患的企业中,成功获取明智之士的美誉是一项非常宝贵的资产。顺从是晋升之道。正如白芝浩先生所说的,拥有独特观点的人,共同且非常不幸的命运就是被人打量,耸耸肩膀,并随后做出评论:"一个优秀的年轻人,先生,但是不安全,很不安全。"白芝浩先生一定知道:他自己本身就是一个最具独创性的人,而且在他身上总是洋溢着年轻人的勃勃生机。

因而,与众议院相比,参议院能更好地代表国家的多样性,既有社会及经济构成的多样性,又有舆论的多样性——因为有社会及经济构成的多样性,才有舆论的多样性。之所以具有更多的舆论,是因为与拥挤的东部与北部地区相比,宽敞的南部与西部地区存在更多的个性特征。在南部与西部地区,围绕着每一颗心灵四周的往往是更大、更自由的空间,每颗心灵在这个空间内四处寻觅,各有所感。不能总是以活跃的中心地区来判断一个国家。若要真正了解一个国家,必须要了解那些平静的地方,那些没有瞬间、狂热且迫切冲动的地方,那些你至少能确信舆论在下周与今天相一致的地方。

在那些贸易与工业的中心热点地区,从早到晚,事业像一只毫不松懈的铁腕攫住了个人,甚至在睡眠的时候还会让他重负压身,根本没几个人能称得上是拥有少许见解。在吃早餐的时候,或匆匆忙忙赶往办公室的时候,他们也许会上花数分钟的时间埋首于阅读晨报;当再次疲倦地回到家的时候,或晚饭后昏昏欲睡的时候,他们也许让迟钝的注意力暂歇于晚报之上;但不能将他们从报纸上获取的那些内容称为见解。它们不是见解,只不过是一种心理作用的混合物,从未进行分门别类,从未经过消化吸收,在真实性与有效性上,这些拼凑成形的任何东西片刻都不能与这些人在事业中运用的充满活力的想法相比拟。小城镇、边远乡村、交叉路口商铺里人们环绕的火炉边,在事务的劳逸时间显得同样多的任何地方,在那里,闲暇时期能与行动时期交替进行;在那里,大事有待于缓慢、不急不躁的习性;在那里,人们比邻而居,相互知根知底;在那里,政治就是利用所有的闲暇与喜好,慢条斯理地谈论常常是附着于流言蜚语之上的细节。在那里,讨论如同跳棋一样是一种常见的休闲活动,舆论由个性化风格所构成,且呈现出个人观点的丰富多彩。参议院里有更多的议员来自这些地区,而不是其他地区,其他地区的意见是混合而成并且是草草急就的,是出自于报纸而非个体心智的贡献。参议院通过多样性来代表国家的群体,而不是通过其数目来代表;并且,如同国家众多的人口一样,多样性也要得到全面代表,这一点至关重要。

120 由于一些错误,美利坚合众国准州脱胎成为州的进程一再受到严重损害,我们对这些错误深感遗憾,因为它们显然无可挽回。州一旦成立,就不能取消。有时,国会允许一些准州加入联邦,与一些更古老的州平起平坐,这些准州不仅没有足够的人口以证明自身的加入是正当的,并且没有吸引大量、多样化的人口足以让他们发展成为一个密集、拥有自身特性及目标的重要社区的希望——在国家决策中,这些社区的类别已经得到充分的代表了。但是,这样的错误寥寥无几,并且,由于我们国家成长的强大影响力,许多州在一开始似乎是早产的、不合情理的创造物,迅速被提升至具有真正尊严及重要性的水平。当人群源源不断地涌入,并且占据这块陆地自由空间的群体是那样的朝气蓬勃,就很难重蹈这样的覆辙了。我们不得不改造荒漠以容纳为数众多的人们。在参议院这个仍然能够听到个体声音的地方,当羽翼初丰的州加入进来时,它的两名代言人为我们的商讨提供了声援。

参议院保存着原初的辩论规则与程序,不曾改弦易辙,这个事实非常重要。这里是产生个体声音的地方。压制任何个体声音都会从根本上改变参议院的本质特征;并且,如果改变参议院的特征,如果国家多数地区的独特声音都受到钳制,那也就不存在任何充足的理由来维持参议院的当前结构了。如果参议院步众议院后尘,让自己主要成为一个高效的办事机构,那么批评家对它的指责,即根据地区财富与人口的任何测算参议院都不是平等构成的,就无立足之地了。

另一事实让参议员具有个体上的重要性,这是普通众议员所欠缺的。参议员接触到更多各式各样的公共事务,不仅仅是一个立法者。参议员在政府一些微妙、重要的职能上与总统直接关联。参议员是大行政会议中的一员。当问题需要再三斟酌,需要慎重判断,参议员与总统就会处于非常机密的关系之中——这种判断不能从舆论得到,而只有从私下考虑、不会外泄的官方事实得到,适宜于私密商议而非公开辩论。与参议员进行讨论,你会发现他们关于国家事务的信息是多么的全面、精确与详细;甚至会发现更为重要的东西,即在与你私下交谈时他对公众利益所表达的意见是多么的公正、慎重与关切,除此之外,没有更好的方法能够祛除鄙夷参议院的想法。

在华盛顿,美国联邦最高法院的法官是最沉默的人。如果联邦最高法院的法官谈论一个待决案件所涉的任何问题,无论是最高法院正在审理或即将审理的案件,必然会严重违反该部门的职业荣誉。法官的沉默义务更远甚于此,几乎涉及迟早可能会提交到联邦最高法院进行司法审查的触及个人的每项公共政策,即便是不会直截了当触及个人的政策。因此,每一位联邦最高法院的法官都感到不得向他人诉说自己对于这类问题的看法。除了最一般的公共问题之外,法官不会与你交流任何问题,对每一个未决的法律政策或法律解释问题都谨守缄默。懂得礼数的人从来不会跟联邦最高法院大法官讨论这类问题。在涉及与行政部门有着机密关系的问题上,参议员同样会感到有类似的荣誉义务。由于参议员可能被纳入参议院的行政会议,他们不能向你甚至是向本地选民透露如此行为的理由,一直要到整件事情过去许久以后,公开它不可能会带来损害与难堪时才可以透露。众议院的议员不在此种约束之下。提交众议院讨论的任何事务,无一不是美利坚合众国人民想讨论就有权利讨论的。无疑,众议员有时候依照来自白宫或政府部门的非公开信息行事,他们感到将这些公之于众是不明智的,但这种情形鲜有发生。如果众议员真的有话要说,他们可以选择谈论掌握资料并充分了解的任何内容。

众、参议员通过何种影响力才获得席位？这个问题不是我们当前研究的重点内容。该问题并没有涉及我们政治机构的形式与目标，而是涉及国家道德品质的问题，涉及渗入参议院的社会影响力是行善还是作恶的问题。但是，近些年来有着太多关于参议院席位获得方式的说法，人们相信其中太多关于恶行的报道。因此，如果我们缺乏诚意，不对这一表相进行全面探究，就不能让这个问题溜走；而且，毕竟参议院可能遭受的严重声誉损失一定会极大地伤害它的权力与影响、伤害它作为宪制政府机构的有效性。人们习惯性地将参议院称为富人俱乐部，这个国家的公司利益、巨大的铁路系统以及更为巨大的托拉斯，他们通过把自己选择的人放置到参议院里，利用各种影响力阻止任何可能损害到他们的立法，实际上已经确立了对于参议院控制，任何一个宣称提出证据证明这一点的作家，都会轻而易举获得人们的信任。浓烟滚滚之处，焉能必无半点火星？这是一个涉及我们整个宪政体制完善性的问题。避而不谈这一问题是在故弄玄虚。

针对人们如何获取参议院席位存在多种看法；而且，我敢说每一种看法都有相对应的一种获取方式——并非只有这些看法所提出的方式，但这些方式足够让这些看法似乎更加可信。进驻参议院有着多种方式，有的方式是坏的，有的方式无可厚非，有的方式则是非常好的。基于我刚刚说过的参议院构成及其与地区的一般关系，关于这个问题，最令我感兴趣的是观察到：只要一个人可能根据谣言与公开出版物呈现的内容进行判断，坏的方式会常常出现在那些人口最为稠密的地方，而在最新创建的州里仅有少许存在，这是由于它们特殊的经济属性被单一利益集团或一组利益集团所支配。更具体而言，坏方式在通常的西、南部州里并不常出现，我已经说过这些州由于象征国家的多样性，表现出国家丰富多彩的品质及利益特征，而不是国家财富与物质力量的聚集,与人口及工业的中心地区形成对比。

政治上的钱权交易主要发生在最富有的地区。大公司自私自利的影响,屡屡出现在他们拥有席位控制权的国家金融中心。在那些用金钱购买大多数事物的地方,人们获得参议院席位的过程最易招致怀疑。人们不得不相信,即使是我们热爱的美国,美元在有些社区就是上帝,每一件事物都用货币来估算价值,现金可以换取选票;并且,毋庸置疑,有时最高政治职位在其他一些社区都是通过收买而来的,不是直接通过金钱,而是通过令人同样沮丧的手段——也许更令人沮丧,因为这是不那么明显的腐败——通过隐秘交换的恩惠,通过没有言明的承诺,通过完全不露痕迹地提供与接受商业机会,其中只有慈爱的关怀与自然的友谊。但是,民众都知道这些有嫌疑事务的真实情况,并知道它们的数量微乎其微。在读到参议员姓名时,如果了解任何他们的性格与境况,每一个正直的人都不能对参议院名单视而不

见,而且片刻思忖这类影响会在参议院占据主导地位。 125

为了对参议院形成一个正确的印象,你必须将自身的观察拓展到这个国家的特定区域以外。在美国,舆论苦于的巨大弊端之一,就是我们没有一个全国性的报纸,没有一个全国性的舆论机构。美国所有的报纸都是地方性的,不仅刊登的新闻,而且表达的观点都是偏安一隅的。每种报纸如此挑选一般新闻,就是要引起特定刊登所在地的兴趣,而且要像当地利益和信息所暗示的那样去表达对全国性事务的观点。你如果阅读纽约的报纸,就会了解纽约的舆论;如果阅读费城的报纸,就会了解费城的舆论;如果阅读芝加哥的报纸,就会了解芝加哥的舆论;如果阅读旧金山的报纸,你不会了解西部地区的舆论,而只是旧金山的舆论。如果阅读这四个城市的所有报纸,你不会得到全国性的舆论。虽然这些报纸有时似乎给人一种全国性的感觉,但即使它们是从全国性素材中编撰而来,你会发现它们终究还是当地印象。这些报纸具有地方色彩,我敢说在偌大一个国家中,这种事情不可避免;然而,为何我们如此习惯性地形成对美国参议院错误认识,原因之一无疑就是我们没有一个全国性的信息媒介,而且阅读量最大的报纸没有反映国情,而是当地的情况。

其实,无论你从学者的角度还是从政治家的角度来审视这个问题,这个国家政治上最严重的困难之一就在于它的地方主义——普遍缺乏全国性的信息,且同样缺乏全国性的舆论。另外,因为我们大多数的信息及舆论都是在东部地区出版,并且从那里开始传播,人们不得不相信东部地区是联邦最具地方性的区域,生活在东部地区的人们会相当勉强地承认这个事实——这是一个非常严重的问题。东部地区是这个国家最为古老的地区,很长时间内就是这个国家的全部,具有最悠久的历史根源、最悠久的传统影响、巨额的财富以及迄今为止对整个国家经济发展毋庸置疑的支配力,直到现在仍未对这个国家的其他地区表现出亲密感;与这个国家的其他地区相比,东部地区对除自身以外的其他共同体及其他利益的意识要少得多。相较于与政府相联系的任何其他个人或一群人,如果美利坚合众国总统愿意,他可以将更巨大的权力与更广泛的影响力集于一身,正如我多次指出的那样,总统之所以能够这样做,主要原因在于身为全国性的知名人物,整个国家都对他产生好奇与兴趣,迫不及待地想听到源于他的任何事务。他的言行,总能构成传播到全国各个角落的新闻,每一类型的聚集区都带着同等程度的兴趣阅读它。总统正是这样的一个人,在他之上形成了明确的全国性舆论,因而,他通过自身的直接影响能够形成舆论,并让整个国家立即行动起来。

因而,国内常常未能留意到,由于参议员真诚代言的人民宁愿让他们担任代表,绝大多数美国参议员都是通过完全合法的途径获得席位;未能留意到绝大多数参议员都是穷人,除了入不敷出的薪水之外,几乎无以为生;未能留意到参议院的意见及行动,在很大程度上都是由一些不事张扬的人的影响力所决定的,国内极少谈论这些人,并且,在他们身上没有丝毫的质疑与不誉之辞;未能留意到少数臭名昭著的参议员声誉被人议论纷纷,但这些人在参议院事务当中仅仅占据着非常不引人注目的地位。在大多数州,大型企业、大利益集团与参议员选举的关系并不大。毫无疑问进驻参议院的人都是由人民选举的——更确切地说,对人民而言,他们自然、真实的政治领导权来自于个人影响力以及对于政党的贡献——这些普通人不是依靠商业、财富走上政治顶端,并且,他们得到公众衷心的支持。在参议院中,非常有影响力的少数议员同时也非常富有,但是他们之所以具有影响力,不是由于他们的财富,而是由于他们长期且明智的工作、在事务中得到的全部经验以及在他们与参议院同仁之间建立起的亲密无间的关系。在华盛顿,你只要做一个非常随意的调查,就可以确定在参议院议程中最具实际影响力的并不是那些在报纸上大肆宣扬的人,不是那些在国会大厦里谈吐最引人注目的人,不是为那些并非居住在华盛顿的"旁听者"发言效果最佳的人。最具影响力的是一小撮安静的绅士,他们极少在公开出版物上发言,想得更多的是自己的职责,而不是引发众议纷纭——这些人还没有累积财富,但是已经用心使自己在国内同胞中变得富于威望,这些同胞了解并支持这些人。

128

同众议院一样,当前妨碍参议院保持卓越资质的原因之一,便是我们支付两院的薪水都没有高到足以让人倾其所能,乃至不足以支撑那些接受两院席位的人拥有安逸的家庭与人性的尊严,而我们理所当然希望他们能保持这些东西。能力出类拔萃的人确实会接受众、参两院的席位,但是这样做时他们通常都会蒙受巨大的损失,他们感到若不是财大气粗,在像华盛顿这样如此昂贵的地方生活是极其困难的,并且,他们最终不得不谋求一些有利可图的职业,为的是偿还为国服务期间内必定会累积的债务,这个国家的预算在错误的项目上减省了。如果参议院成为一个名副其实的富人俱乐部,真正原因在于国家预算造成的薪酬,而不是财富购买立法机关席位的力量。就现在而言,如果热爱有自尊心的生活方式,只有富人才能承受担任参议员一职。

这样,参议院就是一个带有个性特征的议院,一群有代表性的美国人代表着国家构成的诸多元素,展示着不同群体的生命力,代表着国家几个部分中的诸多局部地区与诸多利益,它们属于一个整体,但充满了社会与政治的差异;参议院议员在能力及个人影响力上远远高于一般水平;在多数情况下,长期工作让参议院议员与政府事务联系起来,并且让他们习惯于处理政府所有范围与种类的事务;参议员是一群顾问,即使他们的行动不一定永远明智,或者不一定永远不掺杂个人及政党的偏见,但永远洋溢着活力,并且从容不迫。

对于在华盛顿的观察者而言,有趣的是他们发现了老牌参议员用明显的傲慢态度对待美利坚合众国总统。虽然总统在国内事务中可能处于支配地位,但是对于这些老牌参议员而言,他顶多只是昙花一现的现象。即使总统得以连续任职两届,这是我们对总统职务的传统限制,他也只是超出参议员一届任期两年而已,而一个任职数届的参议员已经看到过多名总统来来去去了。*

---

* 由于第二次世界大战的需要,罗斯福四次当选总统,打破了总统任职不超过两届的传统。1947年共和党占优势的国会提出一项宪法修正案,明确规定总统任职不超过两届。这一修正案在1951年被各州批准,成为第二十二条宪法修正案。修正案规定:"无论何人,当选担任总统职务不得超过两次;无论何人,在他人当选总统任期内担任总统职务或代理总统两年以上,不得当选担任总统职务一次以上。"这条修正案恢复了华盛顿树立的总统任职不超过两届的传统,并使之制度化、法律化,从根本上杜绝了政府首脑任职终身的可能性。[参见李道揆:《美国政府和美国政治》(上册),商务印书馆1999年版,第397页。]——译者注

参议员在阅历世事上比总统老成得多,看待政策的视野也更加稳定。政府的连续性更多地取决于参议院稳定不变,而非行政部门稳定不变,即使涉及的是属于总统特权的问题。参议院长期任职的议员感到自己是专业的,而总统是一个外行。

我已经相当详尽地论述了参议院的性质及真正的宪法目标,因为这种性质及目标支配着参议院的整个组织和行为。参议院在组织、性质以及宪法地位上都不同于众议院。与众议院不同,参议院的权力并不集中在会议主席手中。相反,会议主席在参议院所有组成部分中的地位最不重要。仅就事实而言,在对参议院权力及行动的所有分析之中,美利坚合众国的副总统几乎可以忽略不计。确实,这一特定职位的占有者给参议院留下了相当深刻的印象,特别是在程序事务方面,他在议会记录中留下了明显的个人痕迹。天生拥有巨大影响力及不同寻常个性的人,不可能在一个如此重要、如此繁忙的位置上花却四年的时间而不留下任何关于他们影响的记忆。但美利坚合众国的副总统都毫无例外地感到他们与参议院之间的关系是纯形式上的。副总统并非参议院的一员。他的职责仅仅是形式上的,而且完全是会议主席行使的公正职责。副总统的职责似乎要求他不应当卷入政党策略当中,要小心翼翼地远离为了政党利益的议会斗争。正是副总统职位的尊贵,让他在宪法所赋予的唯一职责上丧失活力。而参议院临时议长*,

---

* 根据宪法规定,参议院的议长由副总统担任,参议院选出一名临时议长(由多数党党团会议提名,一般是资历最深的参议员)在副总统缺席或行使总统职务时主持参议院全院会议。由于主持参议院会议是一种冗长、乏味的工作,不论是副总统还是临时议长都不常主持会议,而是指定某个资历较浅的参议员来主持参议院会议。在参议院,真正的领导权掌握在多数党领袖和少数党领袖手中。[参见李道揆:《美国政府和美国政治》(上册),商务印书馆1999年版,第344页。]——译者注

必要时的副总统代替者,则是一名非常重要的政治人物。他由多数党的同侪推选出来,在议会事务之中发挥真正的作用。参议院临时议长的任期由参议院决定,与美利坚合众国副总统相比,他与所代表政党之间的关系更为亲密,更加意气相投。

有时看上去临时议长像要把权力与特权集于一身,赋予他职位的权力及权威或许能与众议院议长相媲美。同众议院一样,参议院也借助常任委员会来筹备事务,并于1828年授予临时议长任命委员会的权力。然而,1833年,由于在这里无需详述的政治原因,参议院改变了规则,将组建委员会的权力重新收回到自己手中,由其自身投票进行选举。1837年,参议院再次向参议院临时议长寻求减压,并且授予他任免权,投票选举被证实是非常繁琐且令人无法忍受的;但在1845年,情势所逼,参议院又收回了这一权力。许多因素似乎使得临时议长在此类职能上无用武之地。1792年的立法将临时议长放置在总统缺位时的继任者序列中,规定如果总统及副总统死亡或者失去资格,临时议长应当担任总统一职。因而,参议院之所以认为临时议长是一个必要的职位,只是为了让总统的职责不致终止。参议院选举临时议长,只是为了应对副总统缺位的时刻,并在副总统重新归位时听凭临时议长的职位回归原先的终止状态。但是,调整总统继任法律中的一个变化改变了这个临时职位的全部性质。1886年一项新的立法将继任权授予行政部门的首脑,以各职位的创建时期来决定继任的优先顺序,而临时议长则被从继任者序列中删除了。十年前,参议院作出决定,毋须将临时议长视为是在副总统不时缺席的场合临时选择出来的官员,1890年,参议院确认了这样的决定,并且为自己选择的这名官员无限延长任期。如今的临时议长任期不定,参议院可以随时将其免职,当副总统恰巧缺席的时候主持会议,并且只有当选举其他人到这个位置上时,临时议长才被接替。他像其他普通议员一样,被任命到参议院许多重要的委员会之中,通常自身就是一个重要委员会的主席,并且无疑始终是其政党在议院中的首要人物。临时议长的职位在多数党更迭时终止,从新的多数党当中挑选出继任者。

然而,说起来非常令人费解,参议院临时议长由于职位的固定性而变得愈发重要,并且,如同众议院议长,在某种意义上看起来往往像是议会选择的政党首席代表,其实,他在辩论及指引政党策略中并不占据领导地位。参议院的领导者是多数党党团会议的主席。每一个政党都在党团会议当中发现它真实、稳定且有效的组织,并且,在所有重要的议会斗争中,都服从本党党团会议主席的领导,参议院里政党组织以及领导权力同样都取决于完全处在宪法之外的协议,因为相较于人性而言,没有更好的约束力了,且没有其他的约束力了。

同众议院一样,参议院也通过它的常任委员会来思考与管理自己的事务,并且,任命这些委员会的权力在很大程度上保留在自己手中。但是,真正通过投票选择委员会的老方法,人们没有发现它的便利,甚至难以为继。挑选委员会的机构,如同为了政党其他目标的机构一样,都是党团会议。每一个政党的党团会议都有自己的任命委员会,由党团会议主席任命,任命由党团会议本身认可,并且承担着为常设委员会挑选政党代表的重要职责。除此之外,多数党的党团会议还拥有自身的指导委员会,以类似的方式任命,其职责与众议院规则委员的职责非常相似。

与临时议长相比,多数党党团会议主席与众议院议长的地位更为接近。多数党党团会议主席的影响十分巨大且无处不在。多数党党团会议主席依靠任命委员会以及指导委员会,在决定参议院性质以及请求参议院考虑的事务上发挥不小的作用,这两个委员会都是他委任的,且服从党团会议确认的事项。

但是,参议院是一个协商会议,并且,不像众议院那样处于委员会类似沉默及服从的纪律之下。就像在所有议会团体中通常可见的那样,参议院中委员会的职责更像是一般老式委员会的职责,不同与众议院委员会的职责。参议院委员会并没有完全掌握参议院的事务。一个由参议员个人提出的议案,也许会被列入议程、讨论以及投票表决,与任何一个委员会都丝毫无关。委员会是一种必要的便利设施,绝大部分参议院事务都是由它们准备的;但是,它们不得垄断议会的发言,参议院很快就确认了其个体成员拥有不受委员会干预而直接让提案得到考虑的权利。

另外,与众议院委员会的成员相比,参议院委员会的构成更严格地取决于资历、个人特权与优先地位,较少考虑政党路线,更多考虑的是个人和地区因素——是平衡的安排,而不是党团会议主席的个人选择与意图。地区的多样性可以在参议院委员会的组织中展现出来,正如可以在其成员之间的辩论以及个人特殊待遇的确认中展现出来一样。尽管与参议院的口碑正相反,但在那里依然还能感受到平等与民主的老派作风——就像在任何政治团体中都不可避免的那样,多少也有着政党督导及领导者的纪律,但与众议院相比,参议院有更多的辩论氛围,较少严格组织的事务与唯效力论氛围。

其实,参议院在辩论与讲究个人权利方面是最卓越的的议院。通常参议院的辩论都丝毫无益,被个人情感与个人利益的展示所破坏,这损害了参议院的名声,并且让国民不安且猜疑,但这些辩论是国家为公共理解力阐明公共事务的唯一方式。

当转向我们整个研究的中心问题,即参议院与其他政府机构的合作以及旨在共同行动的综合性权威与权力时,情形立即变得显而易见,像我所描述的参议院这样一个机构,必定会非常难以融入到任何体制之中。意志协调、在共同的领导之下统一行动,这是每一个有效政府形式的本质之所在。参议院有着异常倔强的自我意志,引以为傲的独立判断,其本身非常令人敬佩,但是当参议院与众议院或总统在观点和目标上产生分歧时,这些都无从预计能安排用来促使纠纷的解决。正是参议院的优异,阻碍了它作为一个合作机构的道路:缓慢的审议、对个人意见的宽容、对政治判断的信心以及自身领导者经验的信心,恒久与稳定的感觉,可以让参议院稍稍超越于当前,超越于决策的关键时刻。参议院看待众议院的方式很像它看待总统的方式——它们实际是舆论机关,并且无疑是由人民委任的并驾齐驱的政府分支机构,但它们都同样善变,就当前的性质与倾向而言,是变幻无常、为新人和新情绪腾出空间的机构。

与参议员相比,众议员的稳定性要差得多。参议员的任期是众议员任期的三倍,不仅如此,再度当选的众议员比再度当选的参议员要少得多。大多数州都心甘情愿地让他们全部的参议员久居其位,但是几乎不能指望任何国会选区不频繁更改他们的选择。众议院的人员变换迅速,而参议院的人员变换则非常缓慢,不仅如此,多数党在一个议院的更迭要比在另一个议院更加频繁。许多年以来,我们全国性政党的领导人不得不在考虑参议院构成时将国家设想为一个事务,而在考虑到众议院构成时将国家设想为另一个事务。在过去的五十年里,政党在领导众议院多数派时常常交换位置,但这在参议院却不常发生。以州来计算的人们(指参议院——译按)通常青睐共和党;而以数量来计算的人们(指众议院——译按)在选择个人及政党时先是选择一个政党,接着转而选择另一个政党,随着个人与政纲的变化而变化。

当然,所有这些都会影响到参议院的倾向。参议院比众议院要较少受到选举的打扰,感觉自身在很大程度上免受党争之风的影响,并且往往自视为整个体制中的砝码与平衡力量,如果允许这个体制被变化多端的舆论迅速冲昏头脑,它可能像是一个漂泊无定的星球。由于参议院领导者的性质,关于参议院功能的这种观点得到了证实。必须指出,相较于众议院领导者而言,参议院领导者的产生方式更为寻常、更合乎自然。自然中意的是自我选择的领导者,在他们渴求引领的事务中,需要展现出真才实干。既然人们期望参议院领导者在商议中进行领导,他们一般都是经由商议验证了的人,是在公共事务中经过长期训练的人,他们在多个连续的会期中接受其他同仁的审视。参议院倾向追随其中富有经验的人——未必是其中主要的辩手,而是那些由于长期任职获得丰富经验的人,是有诸多证据表明有着良好判断力与冷静头脑的人,他们得到政党同志的完全信任,作为引导者不会犯下大错。无疑,众议院的领导者在变成议长之前因其在议院的长期任职而获得自己的职位,但他们是由于精通议会策略、意志坚强以及足智多谋而赢得职位,不是作为商议者而占有一席之地。参议院青睐的领导者多半是其中最为保守的人士——最有可能拓展他所代表机构的权力与特权,坚守机构所拥有的每一项特权,当主张或目标产生根本分歧时,他们绝不会依赖总统的领导,或者向众议院屈服。

尤其是在处理与总统的关系时,参议院显示出其对独立性的骄傲,显示出它渴望统治,而不只是被咨询,显示出它要扩张权力,从某种意义上而言要主管政府的政策。任何一个细致研究过1787年制宪会议方案与主张的人,他们的头脑中几乎不会对此感到怀疑,即与总统与参议院之间已有的关系相比较,制宪会议本打算让它们之间更加亲密无间;制宪会议希望参议院根据密切合作的条款,采取行政会议与总统联合的态度,在委任及条约的事务上为总统提供建议和支持,而不要采取独立政府分支的态度,惟恐总统会有一丁点支配其判断或侵犯其特权的异常企图。繁文缛节、死板、竞争与互相猜忌般的态度,这些标志着总统与参议院之间的交往方式,一年又一年过去了,这种方式呈现出逐渐增多而不是减少的趋势。无疑,在许多棘手且重要的事务上,这不时会让政府行动深陷绝境。

参议院坚持在外交事务上行使独立的判断,表现的异常顽固且充满嫉妒,它频频这么做,以至于在总统和参议院这两个竞争性权力之间生长出某种惯常的妥协。在大多数的情况下,人们期待参议院能够接受总统对于官员的任命,并且,人们期待总统在参议院拒绝条约的情形下要十分宽容,要提出建议,绝不要作最后安排,即使这是总统权力的主要领地。如果完全独立于接受建议的官员,建议者所处的地位将不再是官员的建议者,而是主宰者;并且,正如偶尔发生的那样,参议院属于一个政党,总统属于另一政党,参议院的命令不是基于所涉问题的是非,而是基于政党的对抗与利益的算计。

当总统在参议院受阻时,他就不能利用被众议院掣肘时所采取的对策了。当众议院拒绝总统的建议时,总统可以诉诸国民,如果舆论响应了这一诉求,众议院也许会认真考虑国会的下一次选举而妥协退让;但参议院对舆论的反应不能通权达变,如果施加给参议院这种压力,它甚至有可能变得更加顽固。

但是,总统可能会遵循另外一条路线,并且,少数几个具有不寻常政治卓识的总统已经这样做了,并取得了满意的预期结果。总统自身可以少一些强硬与冷漠,可以依照真正的宪法精神行事,主动与参议院建立亲密的信赖关系,不要带来即将完成的方案,将这种最终形式的方案提交到参议院以决定接受还是拒绝。而是为了拥有真正的协商以及意见调整,而非终极挑战与决赛,在总统的方案形成过程中就要与参议院的领袖保持开诚布公的交流,此时议员们的建议将是有帮助的,而总统的信息将会最大程度地服务于参议院议员。让总统和参议院之间制造对抗的政策,在总统与参议院那儿都同样多地显露出来,如果宪法真的想让参议院在这些事务当中成为行政会议的话,那么,像行政会议那样待它就不仅仅是总统的特权,而是他最好的政策以及最一般的职责。像现在这样,总统与参议院往往以繁文缛节彼此相待,而拘泥形式的权力除了共同利益这个模糊的共同纽带之外,就没有其他的共同纽带了,但是,通过进入亲密的相互信任的关系之中,通过改变态度,他们可以选择改变这类事务的整体倾向,展现宪法真正的精神。相较于参议院的主动性而言,这种态度的转变或许在总统的主动性上更容易实现。

　　本着公共服务这个非常重要的精神,在我们这样一个复杂的体制当中研究部门间最适当的调节,这种研究显然是政治家的职责,无论他隶属于哪一个政府分支。在面临困难的决策以及复杂的管理任务时,这种调节将让政府保有最佳的效力与结合,并且,在这类事务中,任何人充任主角都不及总统那样更具影响力,或更为得体。如果总统有个性、谦逊、忠于职守,既有洞察力,又有影响力,他可以让体制内的竞争要素共同成为一个巨大、高效的共同商议机构。

第六章 法院

　　法院是我们整个宪政体制的平衡摆轮；并且，唯有我们的宪政体制是那么的平衡与可控。其他宪政体制由于没有权威性的、无可置疑的法院的支撑与解释，缺少全面的平衡与可信的运转。毋庸赘言，为了明确维护宪法协议，为了同样保护个人的自由及政府权力的完善性，某种非政治化的论坛是不可或缺的，这些协议在这里能够得到公正讨论以及确定。我们的法院提供了这种论坛。个人在这里可以主张其权利；政府在这里必须接受对其权力的限定。在这里，个人可以对政府行为的合法性提出质疑，并用基本原则的标准评判政府行为，政府必须服从这个标准；在这里，政府可以制约个人过分的自我主张，并将其权力确立在被人理解和接受的范围内。对于个人权利以及政府权力而言,法院的宪法权力都同样构成终极保障。正是在这个意义上,司法机关是我们整个体制的平衡摆轮;它试图在个人权利与政府权力之间保持适当的调整,这种调整构成了政治自由。

我现在不是要像律师那样思考法院,将它们视为一个技术定义及事务调整的地方,一个人向另一个人主张的权利在这里得到讨论和决定;我要像一个公民那样思考法院,当政府这个政治—自由的机构傲慢地或戏谑地行使权力时,将法院视为防护机制。只有当个人,当每一个人,都被视为政府管理国民生活时的合作者时,全面与彻底意义上的宪制政府才能够存在。在任何议会或者常规构成的政府部门中,公民都不是作为个体被代表的。除非是在非比寻常的事件中,并且费尽九牛二虎之力,否则个人私事并不能引起国会或其所在州立法机关的注意,不能够引起美国总统或他所在州行政官员的注意;如果一个人通过这些机关行动或明确行使权力所依据的法律来寻求救济,他将会发现自己状告无门。就权利而言,人们只有在法院中才是单独存在的。只有在这里,通过诉诸政府基于的根本协议,人们才可能向政府主张个人的权利和利益。在其他政府中不能提出这些主张,只有我们的政府才可以,即使这些主张是针对政府的。一个人在任何地方都可以针对他人侵犯其权利或欺骗自己而主张自身的权利和利益,但是不能向政府主张自身权利。除我们之外所有其他宪政体制之下的政府,都是至高无上、不容置疑的,法院不能约束政府,只有通过议会表达的国家舆论才能约束它们。只有我们赋予了法院约束政府的权力,我们的法院依据这种权力而行动,并且从中获取自身的权威。

这不仅是由于我们在书面文件中明确规定了宪法协议,而法院必须将这些协议视作他负责维护与解释的法律体系的一部分——是法律中最主要、最基本的部分,其他部分必须让位于它。英国政府建立在非常重要的部分宪法协议之上,这些协议载于《大宪章》和伟大的《权利法案》之中,然而英国法院却没有约束政府立法部门的权力,即使它们制定的法律违反了《大宪章》或《权利法案》。毋庸置疑,《大宪章》和《权利法案》的限定是英国所有政府及个人特定权利的基础,如果提交给英国法院决定的法律在解释上模棱两可,似乎违反了这些文件中明文规定的权利,法院应将它解释为与令人敬畏的自由文书中的条款相一致;但是,如果法律对《大宪章》和《权利法案》的限定和约束熟视无睹,我认为法院有义务施行这一法律。议会是最高统治者,能够为所欲为。只有国家的舆论才能约束或控制它。只有废止*才能将可憎的法律搁置一旁。没有任何其他政府像英国政府那样彻底受舆论支配,但这只是受国家舆论

---

* repeal 指通过制定新的法规从而彻底废除原法规。——译者注

的支配,而非受法院的特定判决的支配。

这不是因为英国法院不像我们法院对保护个人权利及自由那么有兴趣,或在解释个人权利方面不那么开明。没有任何法院能像英国法院那样开明,或更乐意保护个人特定的权利。相较于其他任何法律,英国普通法都更像是舆论与社会调整的一面镜子,在适应英国人生活的发展过程中,已变得像是一件裁剪得体的衣服。英国法官在很久以前就通过向普通法注入良好原则及开明意见,使得普通法放宽限制、开疆拓土。在英国判例汇编里有一些著名的陈年旧案,其中法官在没有先例的情况下宣称所有正当理性原则及人性原则都是普通法的一部分。《大宪章》及《权利法案》明确规定了个人反对王室的权利,但不是反对议会的权利,不是反对那些由国家授权制定法律的机关的权利。法院不能将任何文件理解或阐释成约束这些立法机关的法律。无论它们颁布什么法律,法院都必须实施。恰恰相反,我们在几个文件当中非常明确地对立法机关的权力进行了限制,这些文件本身就是我们法律的一部分,法院在判决中对文件所作出的解释,为那些法律制定机关设定了限制。

对我们而言,法院的这种权力不仅看上去是自然而然的,而且它们在整个体制当中居于重要地位;但这种权力实际上是不寻常的,并且令许多外国评论家瞠目结舌。另外,由于在我们根本法的任何部分或任何语句中都没有发现授予我们法院的这种非凡权力,他们就更加惊奇了。"合众国的司法权",宪法用朴实无华的语句写道:"属于最高法院和国会不时规定和设立的下级法院"并且"适用范围包括:由于合众国法律和根据合众国权力已缔结或将缔结的条约而产生的一切法律的和衡平法的案件"。这仅仅是法院自身得出的推论:"合众国法律以及根据合众国权力已缔结的条约"应当经受宪法的审查,并且,如果它们处于宪法赋予国会与总统的权力领域之外,就应拒绝承认其有效性——这无疑是一个非常简单的推理,但只是一个推理:一个基于类比的推理,从历史情境中推导出来,从我们政府起源的具体理论中推导出来。

美国从未有过至高无上的政府。殖民地政府根据英国王室授予的特许状而运转,不能违法行使特许状没有确认的权力。殖民地政府如果逾越了确认的权力,国王就可以宣告他们的行为是无效的,国王的法院可以宣告吊销特许状。就英国特许殖民地的权力而言,同样的原则与实践仍然存在。加拿大宪法"英属北美法案"是议会制定的法律,使数省结成联盟,将立法机关与独立的法律领域授予每个省,并在所有省之上设置自治领总督及议会。各省政府或自治领政府所做的任何事情,如果逾越或违反了英属北美法案的条款,都是无效的,且自治领自身的法院就能进行这样的处置,虽然在所有这些重大案件中,上诉请求都会到达英国枢密院司法委会这一最高法院处。如今,置于我们之上的至高权力属于人民。当王室权力由于革命而崩塌,人民取而代之。他们以州宪法来替代殖民地宪章,不久还在这些宪章之外增加了美利坚合众国宪法。人民主权者所授予的权力,与过去君主的授权及我们时代至尊议会的授权一样不能逾越。制定法必须遵守宪法,否则就是无效的。戴雪教授及布赖斯先生称我们的宪法犹如大公司的章程,我们的制定法犹如大公司的细则,我们的条约犹如大公司的合同。如果大公司的细则、合同违反或逾越了章程授予的权力,没有任何法院会支持这种权力。任何一名讲英语的律师都会像我们一样推导这个问题。

尽管这是一个简单的推理,但是,我们法院的这种权力让我们的宪政体制变得独一无二。其他宪政体制没有这样的一种平衡,没有这种活力释放的手段——公民个人释放活力的手段。我们中的公民个体可以主动地将法律审查施加于政府之上,法院将对公民提起的诉讼迅速作出回应,如同回应体制内最伟大的政府官员提起的诉讼一样容易。由于法院不审理抽象问题,事实上法院会更加迅速地对公民提起的诉讼作出回应。涉及特定个人或公司权利的某些具体而真实的利益,必须受到牵连,并且是以某种方式受到牵连,才能在一般的诉讼规则与程序规则之下让法律审查既有必要性,又有可能性。否则法院就不会为这一争端浪费时间,并且,在这些审查当中,个体公民是比政府官员更自然、更寻常的当事人。公职身份的政府官员不能成为诉讼一方当事人,除非是代表政府本身提出某种诉求或进行答辩。个人权利会在上千个争议点上触及法律的主题,并且,他可能只是陷入了邻里纠纷,针对邻居在国会法律的许可之下拥有或行使的权利提出质疑。在这类诉讼中,没有政府官员有必要或者能够成为诉讼一方;法院所裁决的是私人权利,并且,如果国会的立法违反或超越宪法赋予国会的权力,侵犯了这些权利,宪法将毫不犹豫地宣布国会的立法是无效的。

法院唯有坚持不懈、埋头苦干,才能让我们独一无二的复杂体制保持在恰当的平衡与协调状态之中。我们的体制需要有一连串的案件才能穿过艰难险阻,才能为个人提供充分执行的保障措施。这是一个拥有许多平衡与规定的体制。首先,就政府针对个人能够使用的权力而言,存在置于政府之上的限制。除了由宪法明确授予,或者通过显而易见的暗示授予的权力外,国会不能行使其他任何权力。并且,宪法明文禁止国会做某些事情。"不得中止人身保护权特权,除非发生叛乱或入侵时公共安全要求中止这项特权。不得通过公民权利剥夺法案或溯及既往的法律。"没有授予国会的权力为各州保留,但是根据各州自身的宪法,某些权力是不被允许的,有些限制则来自合众国的宪法。宪法第一条第十款规定:"任何一州都不得:缔结任何条约,参加任何同盟或邦联;颁发捕获敌船许可状;铸造货币;发行纸币;使用金银币以外的任何物品作为偿还债务的货币;通过任何公民权利剥夺法案、溯及既往的法律或损害契约义务的法律;或授予任何贵族爵位。"除合众国宪法对于州和联邦政府所设置的限制之外,还附加有各州宪法对自身规定的更为繁复的限制。所有这些,无论是何种宪法规定的,法院都要进行解释和实施。就所有这些限制而言,法院就是保护个人的工具。除了这些带有《权利法案》性质的界定与约束之外,我们的宪法还在各州政府和联邦政府之间进行权力分配,并且法院必须协助做出明确、可靠的分配。我们的宪法还在州与联邦政府的各个部门之间进行权力分配,包括行政部门、立法部门以及法院本身,而法院必须界定和维护这种分配。

于是,法院成为整个体制的平衡摆轮,承受来自四面八方的压力,试图维护不受约束地滥施权力可能摧毁的任何东西。法院是个人对抗政府的工具,同时又是政府对抗个人的工具,是我们政治联合体中数个组成部分对抗其他组成部分的工具,是政府的几个部门在法律上整合与调适的工具。难怪托克维尔会诧异于美国宪政体制要求生活其中的公民拥有"各式各样的信息以及卓越的判断力"。为了自身目的,亦即他与政府合作条款能得到严格、公正地遵守,一个人迟早会发现不得不请求法院裁决所有的这些事务,让它们保持在适当平衡的状态中。

这就为一个人设置了很大的责任,要求他能具有坚定、谨慎的自主性。除了自己以外,没有人能够照看他的权利。他不是受政府监护的人,而是自己的守护者。徒法不能自行,他必须让法律投入运行,他必须就法院为什么要行使授予自身的巨大权力提出正当理由。法院不会轻易允许对任何制定法、条约或政府行为的有效性提出异议,或者将它们拖至不必要的审议中。为了明确、具体地确定他自身的权利——他与诉讼相对人之间处于争议的权利——他必须证明法院有必要回答他提出来的问题,即政府已经做或企图做的行为的合法性;不要利用法院回答抽象的问题,而是将真实的法律问题面对面提供给法院。在他提起的诉讼当中,不需有联邦最高法院或州最高法院参与。任何一个法院都可以判定政府行为合宪性的问题,如果该法院在所提出的争议案件当中具有一般性的对事管辖权的话。争议的尊贵性并不改变司法的管辖权。当然,具有重大意义的宪法争议早晚都会通过上诉程序呈递到联邦最高法院,但这些争议可以源于任何等级的法院,并且属于普通审判程序,而不是特别审判程序。将市镇法规与宪章相比照,将制定法与宪法相比照,将法律的从属部分与首要、基本部分相比照,将政府行为与其法律规范及标准相比照,这些责任有可能落到任何一个普通法院身上。

如果英国宪法转化为成文的,且立足于《大宪章》之上,如果议会权力与很久之前的王室权力那样受宪章的约束与限定,那么英国无疑会出现同样的司法管辖权。英美两国的法律实践是相同的,美国的法律实践源自于英国。如同在美国一样,英国公民个人也必须自己照顾自己,不仅要防备自己的邻居,如果可能的话,还要防备政府。如同在美国一样,如果一名英国执法官员逾越自身权力而行动,他就不再是一名执法官员。如果他逾越了自身的授权及权力的限制,做了无权去做的事情,他可能要像其他人一样被处以罚款、监禁或极刑。除了合法权力以及他可以出示的合法授权之外,他便无权可施。但是,不是在其他任何国家情况都相同。在其他任何国家,无论政府官员可能做什么,他都是一个官员,不能把他强行带到普通法院。政府官员将受到约束,不去做非法的事情,但受害人只有向其上司投诉,或在为了约束官员而设立的特别行政法庭才有可能传讯他。没有一个上级官员及行政法院能像普通法院处理诉讼与控告那样来处理针对官员的投诉。他们从行政官员的角度来看待所控的违法行为,将其视作政府言行失检,而不是个人的不法行为。调查的氛围是权势的氛围,实施的纪律是军团的纪律,而不是普通法院对违法者的判决。公民是臣民,不是政府的合作者。与之相反,求助政府解决不满是违背我们政体的整体精神的。我们的实践建立于个人权利之上,个人在法院里被慷慨地赋予满足自身需要的手段,法院是这个人自身的法院,同样也是政府的法院。法院的目标是成为人民论坛,对希望用法律来解决争端的所有人开放。

更进一步的结论就是法院在事实上应当向所有人开放,对每一个人而言都是同样地可供使用、便于操作的。法院只对那些富人开放,这是如今我们对法院共同的指责,如果这是真的,那我们就应当留意这一问题,因为如果是这样的话,我们体制的最核心部分就被损坏了,平衡失去了。我们法院对富人和穷人而言是同样开放吗？这不是一个从布局上让穷人与富人的案件同样得到快捷处理、用心听审的公正或公平的问题。无疑一些较差的人被任命到我们的联邦法院中;在我们的州法院里充斥着通过选举得以任命的人,选举中考虑更多的是法官的政治意见及其服务于政党的问题,而不是他的学识或在律师从业者中的排名,许多当选的人士在性格与造诣上都不适合于从事法官职业。但是,美国法官普遍的品行还是非常高的。没有几个法院能理直气壮地宣称某人会因为无钱无势就应拒绝承认他拥有的合法权利。我要提出的是另一个问题。由于法院的费用和审判过程的时间长度,穷人是否在事实上被我们的法院排除在外？富人可以担负起诉讼费用,更进一步,能够担负起诉讼的延迟及上诉的费用;富人财力雄厚,在审判过程延迟,或其争夺的权利处于搁置状态、所涉利益处于胶着状态的期间,能够等待数月甚至是数年的时间。但是,穷人负担不起两者当中的任何一个。如果没有延迟的危险,他可能负担得起初期的费用;但是他不能在不破产情况下忍受延迟之苦。我所担心的是,必须承认我们当前的审判过程既缺少简洁性又缺少及时性，一个富裕的诉讼参加人，只要简单将一个穷人引入上诉和技术延迟的无尽迷宫里，几乎总是能够使这个穷人精疲力竭，从而轻而易举地剥夺他的权利。

153 如果这是真实的话，那么，我们的宪法原则就陷入危险的失修状态，并且，我们即刻的责任就是修正与简化司法程序。如果穷人不能像富人那样易于接近和使用法院，那么，自由在我们这样的体制之下就得不到保障。当然，司法程序永远不能如此彻底。如果司法程序是完备的，它必定永远是谨慎的，而不是草率的；常常是精心设计的，而并不永远是简洁明了的。即使提供给穷人的司法程序无需花费任何金钱形式的成本，但无论如何都会让他在时间及注意力上有所付出；穷人带着对不时之需的恐惧束缚于苦差事之中，承担不起任何不能为他们赚取面包的事务。但是，如果不能让法院比现在更靠近穷人，那就是我们的耻辱；我们体制最为亟需的改革就位于这个方向上。必须为不论何种等级或地位的人提供照顾自身的机会,不仅是对抗邻居的能力,还有对抗政府的能力。

我已经不加区别地讨论了州法院与联邦法院。这些法院都是人民论坛的分支。每一个法院都有可能解决宪法问题,无论它们是属于哪一个级别的,因为个人权利问题必须由这些法院判决。考察州司法权与联邦司法权之间运行的界线是一件有趣的事情。它提出了一种关于我们复杂宪政体制性质的深刻见解,而我们在其他部分研究中都没有提及。我将在另一篇演讲中考查州政府与联邦政府的政治关系,并且,在我们这样的一个体制中,由于两者之间的政治关系在很大程度上取决于它们之间的法律关系,两者之间联合与分离的法律必须要予以说明,我同样将这个篇幅更大的内容留待以后,直到这个图像的所有部分能够拼凑成一张草图为止。但是,此处需要立即阐明这个问题的部分内容。

涉及联邦宪法的案件可以由州来审理,同样,涉及州宪法的案件也可以由联邦法院来审理,但只能够通过以下方式进行:让联邦法院成为联邦宪法含义与目标的最终裁判者,让州法院成为州宪法禁止和要求的最终裁判者。美国宪法让联邦法院成为审判的法庭,不仅审理联邦法律下产生的案件,还包括审判不同州公民当事人之间的诉讼,因为他们没有其他的共同法庭。不同州的公民之间的案件,如果当事人情愿让案件发生地的州法院来审理,就不必在联邦法院中审理。但是,联邦法院对他们是开放的;并且,如果这种案件在联邦法院审理,联邦法院势必要对州宪法条款进行解释,当然,就像联邦法院会设法审查该案件中的其他问题一样,他们一定也会设法解释州法律。如果州法院已经对审查中的州宪的某些条款进行了解释,那么,联邦法院会感到自己有义务采纳这种解释。只有州法院在这一问题上没有进行裁决时,联邦法院才会感到可以自由地按照自己的理解和解释行事。当州法不管怎样都不会涉及联邦政府的管辖权或权力的时候,联邦法院无权将他们对州基本法的解释强加给诉讼当事人,并且,在审理不同州公民之间的普通案件时,联邦法院必须坚持像案发地所在的州法院那样实施州法。

类似地,州法院有权裁决涉及联邦宪法解释的案件。属于在州法院正常提起诉讼的案件,所有的争端都是与州法院相关的;但是在轮到州法院审理时,就必须要遵循联邦法院针对该类问题所作出的判决,只要他们在审议中涉及这类问题。联邦法律的意义与目标的最终裁判者必须是联邦法院,如同州法院是州法原则的最终裁判者一样。例如,在州法院,一名诉讼当事人也许会主张对方当事人起诉所根据某项州法,甚至是州宪的某个条款与美利坚合众国宪法相抵触。如果法院支持他的这一主张,并且以与联邦法律相抵触为由将他所质疑的法律而视为无效,那么这个争议的问题就此结束。

法院支持了联邦法律,摒弃了州法律,当事人不能再向联邦法院提出上诉——联邦法院不能再有所作为了。但是,如果州法院驳回诉请,并且宣布尽管有人声称州法与联邦法律相冲突,但它还是有效的,败诉的一方当事人也许会上诉至联邦法院;最终决定这个冲突的责任必定落到联邦法院肩上,以免州法院偏袒所在州的法律与特权,而州法院就按照州法的授权行动。

这个诉讼原则的意义是联邦政府通过自身的法院实际对自己的权力作出最终判断。如果利害关系人选择上诉的话,针对联邦政府和州政府之间的权力冲突,绝对不可能由州法院最终作出不利于联邦的判决,除了由联邦自身的法院之外,不能由任何法院作出这种判决。因而,我们联邦体制的整体平衡,存在于联邦法院之中。理应如此,否则我们的宪法就不能具有最终的确定性。"本宪法和依本宪法所制定的合众国法律,以及根据合众国的权力已缔结或将缔结的一切条约,都是全国的最高法律；每个州的法官都应受其约束，即使州的宪法和法律中有与之相抵触的内容"，这是由合众国宪法用明确且坚定的言辞所规定的。为了维护这一体制，针对所有管辖争议或权限冲突的问题，没有人能怀疑联邦政府的法院应当成为裁判者。当然，这一原则将我们整体法律发展守护者的地位赋予给了联邦法院。这些法院一定存在着决定性的利用控制的治国才能。

由于将这种权力给予了法院，我们实际上将政治驾驭才能授予法院。宪法不仅是律师的一纸文书，正如我不止一次说过的那样，它是一个民族生活的载体。没有律师能够在一纸文书实行之后对其附加别的意思，但是，我们在宪法正式通过以后将民族生活整体的扩张与改变都加入到宪法解释之中。不带有一丝毁谤甚至批评，我们可以说宪法在联邦最高法院手中得到了改写与详述，这会让1787年那段纯真岁月里的制宪者惊奇不已。宪法明确授予的权力依旧没有改变，但是，从宪法的言外之义引申出来的权力却在生长繁殖,这出乎所有人的意料。并且,每一代的政治家都求助于联邦最高法院提供服务时代需要的解释。这是一个必要的过程,但充满风险。制定计划要比明智的实施与适度的控制更容易一些,相较于国会与总统,法院行使这个职责需要更多的平衡感、对良知更为完美的辨识力、对事务更为稳重的看法以及对正确行为的原则更好的了解。我们体制的安全性与纯洁性都取决于联邦最高法院的智慧与良知。通过解释,宪法所授予的权力必定会得到拓展及改变,但其得以拓展的方式与动机涉及我们整个政府体制的完善性,进而涉及体制的持久性。

在我们司法的全部历史当中,大家一致公认约翰·马歇尔最有名望,最具有政治家才干。在司法控制这个需政治家才干的特定领域,没有其他任何人能与他的声誉相媲美——这个领域是由我们自身划分出来并创造的,这种政治家才干是我们自身的历史所特有的。可以说,马歇尔为我们创造了解释的原则,这种原则支配着我们国家的发展。马歇尔像一名伟大的律师那样创造了这些原则,他精通基本的概念,这些概念启迪着所有施行法律的伟大律师,让他们手中的法律仿佛是一种生活体系,而不仅仅是一堆技术规则。马歇尔像一名伟大的政治家一样创造了这些原则,在无先例可征时也像是有先例可循,设法对宪章与法律进行艺术处理,在不会一丝一毫损坏宪章与法律的重要创造物的情况下,活跃它们的精神,扩大它们的字面含义。

一位有思想的英国法官区分了两种用解释来拓展法律含义的方式,一种来自于深刻的见解,酝酿于法律本身的精神;另一种来自于纯粹的意志,法律应为便宜行事的决定而已。马歇尔的解释来自深刻的见解。他的学识是预言家的学识,渗透着法律的精神,盈溢着法律成长的原则。有一种制度的生命取决于它的完善性,取决于它程序中的坦诚与良识,取决于它对准则与古老承诺的忠诚,在这种制度里,其他方式与原则就不能拥有合法存在的空间。

我们历史上最具戏剧性和趣味性的一幕,那些对创制国家却又让国家蒙受毁灭性威胁的宪制发展进程有着强烈好奇心的历史学家,他们最耽于幻想的一幕发生于1829年3月4日,奉行便宜行事原则、惯于轻视法律的安德鲁·杰克逊在约翰·马歇尔面前宣誓就职,在马歇尔这位年迈的首席大法官手中,国家的法律既获得了威严,也获得了进步有序的自由精神。杰克逊并不年轻了,他一生都在按照自己的方式行事,按照他认为正确的原则行事,不论是否得到了法律的授权——他并非是一个离经叛道的人,恰恰相反,他是一个拥有良知和荣誉感的人,只不过是习惯了边疆与战场的原则,在那里,行动无需等待法律,而是形成于具有偶然性的紧急状态之中。杰克逊在宣誓就职时尽可能地庄严且真诚,他宣誓"竭尽全力维护、保护和捍卫合众国宪法",当选择忽视联邦最高法院由首席大法官马歇尔对宪法的权威性解释所宣告的判决时,杰克逊在后来解释道,他宣誓维护及保存的宪法是他所理解的宪法,就宪法的意义而言,除其自身的智慧及良心外,他不会听命于任何其他来源。这两人在原则与性格上都处于彼此的对立面,对所服务的国家制度没有共同见解。他们中的一个人代表着利用意志的治国才能,另一个代表着利用控制的治国才能。杰克逊将军是一个勇敢的人,带着舍身为国的满腔热忱来履行自己的职责,只要他理解了国家的巨大利益,就会为自己担任的职位效力,他一定永远对这一职位引以为荣。但若是法院的权力被剥夺,法院居于齿轮装置平衡摆轮的巨大权力摇摇欲坠时,杰克逊就属于那种可能非常轻易扭曲、毁坏我们整个宪政体制的人。针对这两位老人在杰克逊就职典礼上面对面站立的画面,直到杰克逊阐述了我们制度的特有精神,人们才可能从道德角度来考虑它。马歇尔将这一职位的誓言运

160 用到杰克逊身上,这是在默默地重申兰尼米德协议的现代形式。

一些受训于另一种政治学派与法律学派的德国人对我们的宪政体制提出批评,将我们的法院权力视作是一种危险的反常现象。他们宣称我们将法院从适宜的领域取出,放置在它们本不属于的政治领域,法院在那里居于控制国会与总统的位置,而一个国家的政策通过国会和总统才得以形成。但是,这种批评既忽视了宪制政府的原则,又忽视了我们法院的实际应用。这些批评源自于一些人,对他们而言,法律就是政府的声音,政府是所有法律的源泉,他们不能想象一种置于政府之上的法律,并且这种法律必须得到遵从。必须承认,这种法律对于维系宪制政府而言,并非在任何地方都是必不可少的。英国通过一纸契约限制自己的国王,但是它从未限制过自己的议会。议会制定的法律是最高的,因为议会是国家的代表,并且,在没有法律及法院支持的情况下,舆论既强大又集中,足以限制政府。但是,我们将以前的英国殖民地联合成为一个联邦宪制国家,在从事这个工作时,我们面对着一个非常独特的任务。没有时间去形成一个全国性的习惯了,或者为一个共同的政府而集聚先例了。有必要利用法律创造一个共同政府,利用法律使得政府各部门之间相互协调,利用法律确定政府各部门的权力,以及确定政府与人民之间的关系。没有任何其他的宪法协议是这样的详细或明确,没有任何其他的宪法协议建立在这样的环境与目标之上。

161

但在我们所有的创新中都没有创造出任何异常或不自然的东西;欧洲大陆的评论家误解了我们法院处理宪法问题的实际应用。法院并没有扮演政治工具的角色,而是像其他任何法院那样仅仅是法律适度的工具。对联邦最高法院的宪法判决作一个非常粗略的审查,就足以说明它是何等小心翼翼地避免向国会或行政部门发号施令,哪怕看上去是在发号施令。联邦最高法院力图尊重他们的权力,并且在每一个可能的要点上,都千方百计地让他们保有充分的自由裁量权,在任何可能存在合理怀疑的情况下,都绝不会让自己的判决以及意见与政府其他部门的主张相对立,绝不会让政治问题卷入讨论之中,只是小心翼翼地将自己局限在裁定个人权利的正当业务之中;并且,在法院冒险宣布国会制定的法律无效之前,都要求诉讼当事人在法庭上提出一个非常明确的诉讼理由,表明国会任何一项立法是违宪的。法院从不会基于政治理由宣布国会的立法无效,而永远是基于明确规定的法律理由,是因为法案被证明与政府自身基本宪章的规定相抵触。在政府具有有限权力、特定权力的情况下,不存在其他可选择的余地。

另外,国会与法院之间从来就不会出现任何严重的摩擦。当然,偶尔的芥蒂在所难免。当法官们宣称议员心仪的立法违宪,或拒绝执行某些法律,而政客希望通过这种法律为自己及所在政党集聚信任,有时议员忘记了他们的宪法原则,对联邦法官的推理依据提出尖锐、愤怒的批评。参议员在这种问题上表现出不寻常的神经过敏。参议院有许多杰出的律师,毋庸置疑,与拒绝执行议员审查通过的法律的那些美利坚合众国联邦地区法官或联邦巡回法官相比,参议员以个人身份对法律问题提出的意见同样具有分量,同样具有确定性。有的法官被愤怒地称为二流律师,他们曾是众议员或参议员,在议会的立法讨论中表现得相形见绌,可是当他们被任命到法院时,却敢于宣布一些人的看法是无效的,正是同样的这些人在之前对该问题的讨论中击败了他们。然而,在这些阻挠面前,国会议员通常需要忍耐。他们要经常想起总统任命的正是这些他们推荐的昔日同事;这些任命经过参议院司法委员会的审查并且得到批准;国会中律师的视角毕竟不总是与法庭上法官的视角相一致,法官关心的不是政治上的考虑,而是他面前的诉讼当事人的法律权利以及严格维护法律的条款。

参议员会回忆起一些很具有说服力的事例。萨蒙·波特兰·蔡斯先生在担任林肯先生的财政部长时，为缓解财政压力，他赞同发行不可兑换的纸币，并且鼎力相助说服国会通过让国家充满"绿背纸币"的法案。蔡斯宣称在自己看来，发行这种货币是宪法授予国会的合法权力。但是，之后蔡斯成为合众国的首席大法官，他加入到判决法定货币法案违宪的多数意见当中。这种事情可能会发生在一个最有良知的律师身上。像这种对自己管理的相关重要事务必须做出决定是一回事，以法官的身份抛弃所有的个人利益来决定这一事务，且必须担负着裁判者而不是倡导者的功过是非，则是完全不同的另一回事。

如果与国会推荐并批准总统任命的法官相比，国会中的律师在德、才等品质方面更加突出，无疑联邦法官也许会出错，而国会中的律师则是正确的。但这只是证明了一个古老的格言：任何政府的部门，都不会比管理它的人要更好一些。某著名革新俱乐部里的一个杰出会员曾经告诉过我,他们的俱乐部致力于促成良好政府的各项目标,经过二十年的努力工作之后,他要坦陈一些非常难以启齿的东西。在那些年里,他孜孜不倦地促成所在州的法律得到修改与完善,并且将州、市政府那些为他们俱乐部所不赞成的实践——通过立法列为非法行为。年复一年,他已经到了州的首府,尽其可能地施加合法的影响,诱导立法机关制定可取的法律,且他获得了一次又一次的成功。但是无论他多么成功,政府似乎没有得到改良。旧的实践一直处于不受约束的状态中,或改头换面,或规避法律程序。这是一个很大的教训,而他却坚定不移,不肯引以为戒,但是他最终汲取了这一教训,并且现在愿意坦白承认终究是自己做错了:革新政府的方法,是选举好人管理政府,而这就是全部要做的事。良法是可取的,但好人不可或缺,好人甚至能在恶法上生成无瑕、公正的政府。

所有的政府都是由人构成,不是由法律构成的,美国法院当然不会比它们的法官更加明智或优秀。在对宪法原则的理解及宪法价值的感知上,一连串糟糕的任命就会轻而易举地让法院逊色于其他所有政府部门。但那是因为政府沦落到不当人士之手,并不会使我们法院组成且获得授权的原则无效。这是一个将合适的人选举为总统或参议员的理由,而不是一个改变我们宪制安排的理由。有时候法院轻率或不明智地行使权力,但法院的宪法权力并不因此就是可有可无的,或者说它对于我们整个体制以及政府理念而言就无关紧要了。

其实,如果不停下来说明政府几个部门之间有趣的相互依赖关系,以及各部门优越性与完善性所依靠的诸多偶然事件,就难以讨论如此基本、如此具有深远意义的主题。为了维护我们基本的宪法协议,合众国法院约束着政府其他部门的行为;可是,合众国的法院是通过联邦立法以及总统的任命所组成的。合众国的司法权属于"联邦最高法院和国会不时规定和设立的下级法院";只有联邦最高法院才由宪法本身的条文直接规定。其他国会设立的法院有可能建立或废止、增加或减少,分派这一种或那一种司法管辖权。事实上,宪法规定合众国的所有法官如果行为端正,得继续任职,但是国会利用充分增加法官的数量,或巧妙地操纵司法管辖权,并在总统的帮助之下让法院的构成适于国会的需要,可以轻而易举地战胜任何法院或任何类别法院中敌意的多数,甚至是联邦最高法院本身。法院以如此权威的方式言说这两个"并列的"部门在宪法之下可以或不可以行使的权力——亦即国会与行政部门——其实,如果他们愿意,可以在无须公然违反国家根本法任何规定的情况下来操纵法院以达到自身目的。人们从不曾因他们会做诸如此类的事情而忧心忡忡,即使偶尔对于联邦最高法院的任命会让整个国家都疑神疑鬼、心神不宁。但只要我们能自我提醒法院这种保护宪政体制的不二法则,就能让我们面前的问题明白易懂。这些保护存在于投票者、选择公务人员以构成的政府的人的品性、独立性、决心以及正确的目标之中。任何政府都可能腐化,任何政府都可能破损失修。政府由个人构成,而其中有些人并不比挑选他们的人更优秀。法院是民众的论坛,他们还是政府以及国民性格的指标。

只有当我们牢记法院是国家成长的工具,且法院满足这种用途的方式与每个国家在发展进程的完善性密切相关,才能理解问题最为关键的部分。如果法院要决定在宪法之下应当行使什么样的权力,出于同样的原因,他们还要决定在涉及国家需求和利益时宪法的妥善性;我们在法律方面的良知、在政治上的机遇,都在法院的掌握之中。德国评论家的批评有着充分的理由,但是他们没有把矛头指向正确的方向。这种说法是不正确的:裁判国会和总统的所作所为,我们的法院就进入了天然属于政府其他部门领域的裁量和评判——这在本质上属于政治领域,那里有着政策与权力的选择。法院对这一领域敬而远之,并且将自身仅限定在从成文法中得出必要的结论。法院行使这种权力的确是政治性的。如果按照某些人的建议,法院应严格按照宪法的字面意义而非宪法精神来解释宪法,宪法更像是商业公司的章程而不是充满活力的政府章程、一个国家生命的载体,可以证明宪法将是一件紧身衣,不是自由与发展的手段,而只是束缚与累赘。我已经说明了人们期望法院拥有利用控制的治国才能,但它们还需拥有利用权宜来治理国家的才能,这是自罗马执政官时代以来所有伟大的法律体制都具有的特征。由于我们期望法院具有双重的治国才能,所以我们在国际上是特立独行的,我们期待法院既是井井有条的程序限制,又是国家成长的手段。

但我们的法院经受住了考验,这主要是因为约翰·马歇尔在我们民族生活的形成期主持法院的进程。马歇尔的派别与倾向都是华盛顿式的,他以对宪法精神和目标的探寻来理解宪法,并且根据一些观念来理解宪法,宪法正是受到这些观念的影响而制定的。马歇尔不是一个书呆子,而毋宁是一名政治家,他在宪法那里看到的不仅是否定性的权力,还有授予的权力;并且,他根据这个民族就这些授权意味着什么、这些授权意图实现什么等问题的丰富政治实践进行推论。自马歇尔时代起,每一代的政治家都意识到这一事实:不是国会的议员,不是担任总统的人,而是马歇尔赋予了我们联邦政府以范围和权力。最伟大的政治家,是那些总是尝试带着想象力、带着未雨绸缪的远大视野去工作的人,但他们还要拥有法律人的良知,认识到确立而非篡改的法律必定适于他们的运用及目标。所以,无论是依靠强力还是环境,或是依靠刻意设计,我们将立法与判决结合在一起,并且期待着我们的法院拥有治国才能。

168　　没有人真的会说法院阻止了我们前行,或者说法院只是表现出一种刻板、极端保守的精神。多个系列的案例构建了适应民族生活所需以及不断变化的情况的宪法含义。有时候,这一过程看上去唾手可得。有时候,法院似乎在法律中寻找他们想要发现的内容,而不是通过公开、合理的推理而得到的内容。法院有时过于殷勤地允许国会将自身的权力解读为在特别紧急的事务之中可以便宜行事。需要担心的是法院在因各州战后重建而产生的诸多难题中也这么做。但是,在大多数情况下,法院的程序与推理是足够保守的。令人惊讶之处在于,它们在服务于一个坚决要求张满风帆的国度里还能够保持那么平稳的船身。

在宪法制定的时候,没有铁路,没有电报,也没有电话。联邦最高法院将国会拥有的设立邮政局和修健邮政道路的权力、管制同外国之间以及各州之间商业的权力,理解为自己对有关各州之间往来的几乎所有事务都拥有管辖权。邮政道路即公路,电报和电话是新形式的邮政。宪法并不意味着要让政府退回到骑马与驾车的时代,那个时候邮差携带着商人之间传递的每一封通信,那个时候国内几乎没有长途线路,除了邻近地区的交易外,不会冒险从事大规模的贸易。一代又一代过去了,显然美国呈现出越来越多的共同体特征;越来越多地让各州的经济利益变成似乎是共同利益;而法院有着充分的理由努力使宪法成为国民生活得心应手的工具,让宪法拓展到如今司空见惯的一些事物,这些事物的规则是为相类似的事物而确立的,这些类似的事物在一开始的时候也是司空见惯的。

真正困难的是划出一道界线,在什么地方延伸与权宜的进程不再合法、变得仅仅是法院部门所提供的诉诸意志的行动。在解释"州际贸易"一词的含义时,存在着逾越恰当界线的极大诱惑。显然,在一个商业化的国家,几乎每一件生活当中的商品都直接或间接地影响到商业,并且,我们的商业几乎都是规模宏大的。当然,每一个州的境内都有着大量的购买与销售行为,然而如今即使是一个州内部的购买与销售,都构成了大宗商品流转的一部分,这种流转沿着铁路线或航道不受限制地进行,毋须考虑政治管辖。似乎无从区分州内贸易与州际贸易。它们似乎都涉及国会确定有权管制的部分,尽管制宪者可能从不曾梦见过此类情形的发生,不曾梦见过由此影响到的巨大利益。国会可以管制这种复杂事务的哪一部分呢?

显然,国会可以管制州际之间真正的商品与人员的流转。它还能够管制商品得以生产的条件吗?这一问题在当前成为州际贸易的主题。它可以管制作坊与工厂中的劳工么?我认为显然不是这样的,而且,我想,如果允许任何一个有思想的律师坦陈己见,他将会同意我的看法。因为这将摧毁州立法领域与联邦立法领域的所有界线。帮助改善作坊与工厂的劳动条件,全部都是位于道德、家务关系以及业务关系等小圈子范围内的问题,一直公认是处于州法领域之内的;劳动背后的条件很容易就显示出它在决定州际贸易的特性与效率方面所起的部分作用。如果联邦权力不在真正贸易流转的管制上止步,它就会永无止境,并且抹杀了州与联邦之间的管辖界线。但是,这个问题并没有得到普遍的理解与认同。因此,这是民族良知必须用来自我检测的问题之一,看看它是否还保留有宪法协议的精神,而这种精神是宪制政府唯一的终极靠山与支撑。正是这类问题表明了我们的法院与民族性及政府体制的真正关系。

法院与舆论之间关系是一个难以讨论的问题,这个问题的微妙程度与困难程度是一样的,然而它径直位于我们道路的中央。我在之前的演讲中已经指出,舆论是我们体制的巨大整合力,事实上是唯一整合力;在总统对抗众、参议院的抵制或无动于衷的时候,唯一能让总统成为其政党与国家的优秀领导的,是他与整个国家的舆论之间密切、特别的关系。我还指出,总统在法律权限范围内履行职权时,如果没有这种舆论支持的领导能力,那么我们体制在所有运转当中都会受到制约,会因为我们复杂的制约与平衡体制而失去有效的政治结合。那么,法院与舆论之间应该具有怎样的关系呢？唯一能给出的答案是:法官必定属于他们自己的时代,他们不能将舆论氛围拒于法庭之外,舆论氛围的影响在一个自治的国家里是无孔不入的。我们应当问一问法官,他们能否证明自己是这样的人:能在即刻的舆论和时代的舆论之间进行区分,能在从有思想、有良知的人士的开明判断中汲取合法要素(alegitimate essence)的舆论,与欲望、私利、冲动以及急躁的舆论之间进行区分。我们应当问一问我们自己,当法院维持法律与进步之间的真正平衡时,我们是否给予了支持？并且,到目前为止,公正、周密的程序已经让我们的体制在全世界面前成为法治的典型,不要去保护这种程序所不能保护的东西,我们是否让这成为我们的渴望？

172

第七章　州政府与联邦政府

州政府与联邦政府关系的问题是我们宪政体制当中的基本问题。在国家发展的每一个转折点上,我们都曾面对这个问题,并且,政治家与法官的界定都没能平息或解决这个问题。其实,这个问题不能由任何一代人的主张来解决,因为它是成长中的一个问题,政治与经济的历次发展都赋予了它新的面孔,使之成为一个新的问题。界定两者之间关系的总路线在授予国会的权力与各州保留的权力之间运行,制宪者带着特有的先见之明与洞察力可以将它绘制出来。但是,这个界定的主题是在不断变化着的,因为该主题就是民族生活本身。我们行动的范围与性质都同样随着每代人的改变而改变。随着不同环境里的庄稼进入成熟期,新的粮食每一天都在填充进旧的宪法量具中。很清楚,国家一般性的商业利益、金融利益以及经济利益必定要处于联邦政府的管制之下,这种管制应当一视同仁。同样清楚的是,什么是国家一般性的商业利益、金融利益以及经济利益,这是一个由我们眼前变化着的情境所决定的事实问题,具体问题具体分析,我们不可避免地会让新的、未预见到的问题列入到已确立的法律术语之下,这些问题的重要性似乎让国会的权力所向披靡、精力旺盛,早年的政治家对此当然始料未及,甚至有时在我们自身看来这几乎都是革命性的。这个令人苦恼的界定,其主题是公共事务生命的躯体,分析它就是分析民族生活。

像如今这样,州政府与联邦政府关系的问题再次迫在眉睫,很难不带强烈感情和偏见,平心静气地讨论如此关键而又基本的问题。正是因为这一问题处于宪政体制的中心位置,不论结果如何,决定错误就会改变政府的整体结构及其运行,并且,任何人都绝不会希望看到政党激情触及到这一问题,以至于扭曲它。一种清醒的责任感应当落到处理该问题的每个人头上。任何人都不能够出于党派的利益以这种或那种方式来议论它。在这种情况下,为了发现不偏不倚的真相,首先必须要同样具有真正的治国才能与爱国精神。每个人都应当追求以政府缔造者的精神来思考、陈述这一问题;有人花费一生的时间,努力在商议与行动中确认该问题中公正的原则,每个人都应当以这些人的精神来思考、阐述这一问题。

在我们的公共事务中,几乎每一个深刻的内部危机都围绕着州权与联邦权的问题而展开。此处仅以两件事为例,它们的核心主题就是州权与联邦权:关税立法这一导致企图宣布联邦法律无效的巨大争议,以及奴隶制扩张这一导致州际战争的更大争议;在决定联邦政府的范围和性质方面,我们历史中的其他任何论辩都无出这两大争议之右者。

州与联邦政府之间的权力划分原则在用最概括的措辞来表述时是最简单的。管理所有法律的一般性主题、所有类型的私权利、地方利益以及每一件与州内作为共同体的人民直接相关的事务——涉及自由选择地方规范与发展的所有事务,这些正是州立法应当管理的事务;而国会立法则应当仅仅管理那些有关和平的事务,以及作为整体国家的商业事务。1824年关税法的反对者们,抗议国会如此迅速建立的关税体制,反对者要求以这种激励但不过多干涉国家工业的自然发展的方式来为联邦政府提供税收,但是这个关税体制走得太远,其指导与决定国家经济发展整体趋势的意图暴露无遗,在给予保护与支持方面,偏好国家某一地区而不是其他地区的工业,所以剥夺了身为自治社区的州在开发自己资源方面全部的自由经济选择权。国会坚持自行其是;即使是对以杰克逊将军为首政府权力的有力反抗,但废除权还是失败了——当杰克逊反对废除权的时候,他对自己的正确性从未如此自信;一个至关重要的事项就此决定了。联邦政府被给予决定州经济机会的权力。联邦政府对成为神感到痛苦,国家的每一部分都在它那儿寻求机会,使其物质资源能够有利可图。

奴隶制问题虽然嵌入这个国家的大片区域,虽然蕴含着那么高的热度,就像是曾经的关税冲突一样,一经泄放就无法抑制火焰的喷发,但与关税问题相比它毕竟不再是一个基本、首要的问题。国会能否在合众国领土以及新成立的州内废除奴隶制?如果能,显然原先局限于美国领土的奴隶制终将在一片苛责声中死去。当林肯先生称没有一个国家能够在半奴役半自由的状态下存在时,他完全正确,但那只是推理而已。一个亟待解决的问题是,在此后将要成立的几个州的群体当中,国会要决定其内部的社会与经济结构。当前我的目标不是追溯导致内战的形势和影响。用战争来废除奴隶制虽然合乎常情,但并不是"国会合法拥有其在组建西北领地*以及制定《密苏里妥协案》时所运用的权力"这个论点必然的后果,或顺理成章的合法后果。在这个重大斗争之前所发生的事情,是居于纯粹人性的逻辑以及人类激情的驱使之上的。再一次,我在当前讨论中关注的内容与在成立促进性关税中的一样,即被看作是为联邦权概念争议焦点的同州权相对照的身处华盛顿的政府权力,其影响深远的改变是什么。该问题从一个阶段发展到得到解决,政府的整体精神与行为都发生了深刻的变化。

我在这里再次特别关切地指出,就像关税问题那样,奴隶制问题是一个无法避免的争议,并非源自政治

---

* 西北领地(Northwest Territory),亦称为俄亥俄之西北的领地(Territory North West of the Ohio),是美国建国初期的一块联邦政府领地。1787年7月13日,美国国会前身的大陆会议通过西北法令。1789年8月7日,国会确认了此法令并小部分修改以符合美国宪法的规范。——译者注

家不安分的野心，不过是源于发展的、迫切的环境，源于公共事务的实际运转。人口遍布于国家西部广袤的地区；新的社区正在形成，至于这些社区应该如何生活，律师不能将有约束力的法规置于其中。新的准州不断组织起来，新的州不停地获准加入联邦。每天都呈现出新形式的选择强加国会之上。偶发事件让这一争议具有多样性，由于我国的未来远景变得越来越清晰，国会无法躲避舆论的影响，而舆论随着环境变化而变化。正是一些日常事宜通过国内舆论迫使国会回答这个无法回避的问题：在这些新州的内部可以准许什么样的相处方式？国会是否可以决定这一争议，或者说它被州保留的权力视若禁脔？成长的选择不容耽搁，而这些选择似乎总是围绕着对国会权力的某种限定，围绕着州权止步于何处与联邦政府权力启始于何处的某些新疑惑。

如今，我们面临着新的问题。这个问题不再是地区性的，由于这个缘故，其成分变得更加微妙与复杂，变得不太明显、更加抽象。这个问题迟早会将这个时代的经济运行囊括其中,需要对该问题进行某种分析,而我们甚至还没有认真做过这种分析。在全国经济发展这个多面的进程当中,其中哪部分需要留给州政府进行管理,哪部分需要交给联邦政府进行管理？我提出的这个问题,不仅仅是一个选择问题,不仅仅是一个治国才能的问题,它还是一个非常基本的宪法问题。我们这代人面临着重大的经济问题,该问题的解决方案不仅涉及国家的繁荣昌盛,还涉及国家的完善性,在回答国会与各州之间权力分配的老问题时,我们以宪法的真正精神来解读宪法,既不拘泥于文字,又不强迫它具有我们希望它拥有的任何含义,什么样的解读才能是我们这代人的答案呢？正如对上代人一样,对我们而言这个问题也是至关重要的。我们的政治原则与政治实践的本质都包含在这个问题当中。其中,在合理选择这个标识过于模糊的领域,我们的治国才能或将赢得新的胜利,或将导致灾难性的毁灭。

州权至上这个曾让我们一往情深的古老理论,如今已丧失了活力。发生在各州之间的战争至少建立了这一原则,即联邦政府通过自身的法院,成为其自身权力的最终裁判者。既然有这样严格的决定权,在任何实际争论中询问联邦政府受何种抽象法律原则的限制与约束将毫无意义。国会的权力是"管制各州之间商业",并且,如今历届国会都企图让该权力所蕴含的内容逾越合理且诚实推理的最大边界,这表明政客唯一可能遵守的就是那些由国家良好判断力与保守习性所设定的界线了。

联邦管制童工问题的立法提案给了人们一个印象深刻的事例。如果管制各州之间贸易的权力能够拓展至包含对作坊与工厂的劳工进行管制,这个权力就能囊括这一工业组织的所有细节,以及这个国家的所有行为。国会将要遵守的仅有的限制是联邦最高法院同意这种显然荒谬之至的解释,是舆论以及环境的限制。

因而,重要的是带着政治家的视野,清晰洞察我们今天的政治经济素材的实际情况,理解它们的真实性质,就像是制宪者理解他们所处理的特殊情况一样。如果殖民地及小州里涌出的猜忌没有迫使制宪者将大部分的立法管制权交到各州的手里,那么同意创立这样的权力分立体制就是明智的,甚至可以说是必须的。从根本上来说,这不是一个主权问题,或者是其他政治上抽象的概念问题,而是一个生命力的问题。在美国这样一个地广人众的国家里,即使统一管制经济条件是可能的,也是有害的。真的试图这样做的政治手腕是草率且不明智的。国家最近的经济发展,特别是最近二十年的经济发展,无疑抹掉许多界限的痕迹,让许多利益变成全国性的、公共的,而这些利益在我们的往昔岁月里都是分离的、地方性的。但是这些巨变的路线我们尚不能很清楚地看出,或心无旁骛地考虑过。识别这些变化,并为这些变化做出必要的安排,是在考验我们这一代人的政治才干。尽管这些变化是巨大的,但新结合的利益尚不能让州政府成为地方政府唯一的单元(unit),这已经昭然若揭。不止是我们的法律意识,还有我们的现实利益都要求我们辨别、留意那些控制伟大宪制政府这一重器的人所担负的责任。

美国不是单一的、同质的共同体。尽管某种表面上的一致性看似给予美国人共同的样式和立场,但几乎在每一个发展阶段,他们之中仍然包含着不同的社群,他们的社会与经济结构,他们每一个现代的、多样化利益与偏见,他们从事的每一种职业以及温带所赋予的每一种气候都呈现出这一点。这种事实和条件的多样性,这种经济与社会的重大差异,并不是在所有的情况下都随着州界的不同而不同。它们更经常地是地区与地区之间的差异,而不是州与州之间的差异。但这些差异依然是真实的,且在许多情况下会长期不变、根深蒂固。

从一开始,美国就从社会与经济上被划分为不同的地区,而不是不同的州。在许多方面,新英格兰一直都是一个整体;南部州在利益方面同大于异;中部地区的构成是如此相似,即使是在创立政府之日,将它们视为单一的经济与政治实体可能并不会产生巨大麻烦。其实,最初一批的联盟成员极具历史特性,使得它们很容易就能区分出来,并且,如同随便哪个人所梦想的那样,不可能把这些社区视作任何别的东西,只能视其为真正的社区,它很快就拥有了自身的特性与目标。纵观国家早期的扩张过程,州都是自我形成的,大部分都是沿着大自然标示的地理线而建立,处于大河的汛限之内,或耸立、集中于巨大山脉之内,在各处散落着一个个相似的可供开拓的地区,通常都是在自然边界范围内的一小块土地上,在这里,那些建立家园的人感到有某种重要且明显的联合使他们聚集在一起。在后来的岁月里,州创建于大平原之上,这些肥沃的地区幅员广阔,在这个大陆的中部表面延伸,边界线选定工作的运行是那些公共土地测量员通过经纬仪完成的,州在地图上的排列开始像巨大棋盘上的方格,在这里,未来政治游戏中由人构成的棋子变得能够随意移动,相邻共同体没有明显的经济多样性可被人注意,虽然人们会注意到其中诸多的社会多样性。

利用调查的划分取代依据生活以及历史环境的划分,无疑会创造出一些人工的行政区划,针对于此,分隔政治主权的理论似乎不敷使用,然而,地区之间的差异不会产生影响;地区之间相似之外同余留的差异一样都不会引人注目。我们自始就熟知国家不同的群体在利益及特性上联合起来;同样,我们自始就熟知国家不同的群体在从事的职业与发展阶段上拥有明显的差异。如今,这些差异与往昔几乎同样显著,而国家至关重要的成长取决于我们对它们的确认和准备。忽视它们,我们就会遭受制约,且将长期陷入困境。

我们常常以为,美国的政治体制之所以与众不同,是由于它的中央结构,由于它的总统、国会及其法院,这些都是由联邦的宪法所设置的。其实,美国的政治体制因其地方结构、因地方极其强大的生命力而独树一帜。如果没有权力分立的话,这也是不可能发生的事情。在一开始,美国就是一个处于形成阶段的国家。由于没有中央的强制力或指导,地方中却大量存在着自助、自立的干劲,各个地方得以形成,并让他们自身加入联盟,首先是制定令自己满意的法律与宪法,不是要求委托给存在,然后组织自身,而是要求先存在然后委托、自我创造、自我组建、自信、自给,是名副其实的社区,所要求的只是承认。由此,美国政治体制趋于成熟。社会的发展,基于的是内部而非外部的力量。否则它们将不复存在。我们的州并不是由于邀请而开始存在的,就像在有人打理的花园里的植物一样:它们迅速涌现,不可抑制,是人们在自由空气中培植的强壮的、自生的自然产物。

正是这种自发性与多样性,这种独立性与不可抑制性,赋予了我们体制非凡的弹性,保护这一体制免于麻痹,而对那些指望中央政府屈尊俯就来养育他们中的每一个人而言,麻痹早晚会降临其身。同样,正是它让我们的政治体制成为重要宪法协议的令人推崇备至的手段。纵观所有这些演讲,我都把宪制政府描述为保持在那些掌控政府的人士与那些服从政府的人士之间亲密协议的基础之上。没有任何地方能够比美国更为成功地坚持这类协议,或更能出色地适应每一个不同的情况。将政府主要权力在各州中进行分配,这是让宪法协议地方化和特殊化;而这种让宪法程序有弹性地适用于新的区域、广大地区各式各样又不断变化着的情况,这是我们的政治得以成功的真正原因所在。

为达到上述目标,我们的联邦宪法实现的分权是正常与自然的区分。州政府控制着所有塑造国民生活通常的法律选项。这些选项涉及所有通常的法律领域:管制亲属关系、雇主与雇员之间的关系;确定财产权、合同的有效性与执行;罪行的界定与惩罚;产权与合同领域之外众多且微妙的权利与义务界定;确立公司章程以及每种商业行为的管理规则。在每个涉及联邦政府权力的争议当中,法院坚持的假定是联邦政府只能行使联邦宪法明确授予它的权力,或者经合理推定由这些权力自然或必需的伴随物毋庸置疑授予联邦的权力。然而他们对州权力坚持的假定则一直是相反的类型。只有州政府才理所当然拥有在任何地方都曾行使过的政府权力,除非是他们自身的宪法或美利坚合众国宪法明确的保留权力,或通过简单推理而得出的保留权力。州政府是这个国家通常的政府,联邦政府则是它仅用于特定目标的机构。

其实,国会是民众直接面对的政府。国会并不支配各州,而是直接作用于个人,如同各州政府那样直接作用于个人。国会并没有站在远处观望,为偶然的介入做好准备,而在其承担的每一项工作上,都是民众直接、熟悉的工具,仿佛各州并不存在一样。各州并不是国会与民众之间的障碍。国会像各州一样与国民生活的事务密切接触。但是其活动领域是能清楚识别的、受约束的、明确的。

我们在当前的讨论中并不关注国会代表人民管理国家对外事务的权力。各州与联邦政府之间关系的讨论并不涉足这一领域。人们从未质疑和争辩过这一权力。我们也不关注联邦政府征税的权力,或者联邦政府管理军事机构的权力,它们不再处于争议状态,即使联邦政府运用征税权去完成一个又一个经济刺激或经济控制的间接目标,这几乎就伤害到了各州独立的产业选择权。如今,联邦权中产生的所有成问题的国内管制,其来源之一就在于对各州之间商业的管制。

联盟以及让我们当前宪法诞生的《邦联条款》之修订,其主要目标无疑在于商业管制。不是由于政治原因,而是各州之间的经济战争威胁到新合众国的生存,并且让人们对国家发展与国家独立的每个前景都产生怀疑——管制自私的商业战争。相应地,在日常生活方面,人们打算让国会拥有的主要国内权力便是管制商业权,甚至可以说国会唯一的权力便在于此。

商业管制起初似乎是一种可以进行简单定义的权力。我们只有在今天,在与较老的、更简单的工业截然不同的条件下,才能设想出既新颖又不受种类限制的商业。如今,再也不可能为"商业"构想出一个简单、综合的定义了。更重要的是在以下两者之间难以进行区分:局限于单一州的界线之内、服从州本地规则的商业,以及从一州转移到另一州、属于国会管辖范围内的商业。严格来说,现实的商品交换是商业,处于商业这一术语狭义与具体涵义的范围之内,现在,现实的商品交换与我们现代化的大工业联合、组织以及利益群体混为一体,一度易于区分的各地区商业,现在变得模糊不清,以致每年商业管制的权力都在不知不觉中延伸边界,深入到企业的新领域内部,窥视着经济活动中的每一个问题。

对州在当今经济生活中所起作用的日渐不满,使我们的分析增添疑惑和困难,让国会权力成为一个备受争议的问题。州要么对这个时代紧迫的问题不管不问,根本不去管制,不论汹汹民意与现状本身对管制提出了什么样的要求;或者尝试每一种有欠斟酌的补救方法,着手上千种的实验,因相互矛盾及相互抵消的措施而导致国内企业混乱不堪。没有两个州会一致行动。在多个州营业的制造商与运营商发现不可能遵从所有的法律,并且各州多式多样的执法给这个国家带来管制冲突的新战争,其严重程度不亚于让1787年费城制宪会议成为必须的且赋予我们一部新的联邦宪法的冲突。整个国家都对冲突的法律所调整的事务极其关注,在这些事务中,没有单一的州或地区能明智地站在一旁,为自身任何特殊的利益服务,这个问题构成了我们当前政治上最大的危险。与其他原因相比,这个原因更加可能、更加有效地为我们带来彻底与考虑不周的改变。它在关键问题上混淆我们的思想,从完全的焦躁不安中产生出我们草率的改革者。我们处于这种危险之中,即在清楚知道想要做什么之前就开始行动,或在清楚理解我们所作所为的后果之前就开始行动——处于改变政府性质以求摆脱暂时不便的危险之中。

186

我们是一个工业化的民族。目前在我们的眼中,资源的开发利用、国际市场的需求要比任何政治理论或律师对职能的区别更为重要。我们极端"实用",并且,我们坚持认为,无论是法律上还是事实上的每一种障碍物都应当被消灭。这对于宪法协议而言并不是一种恰当的性情。太过于"实用"的目标可能会给予我们一个政府,这是一种我们在做出一个更深思熟虑、谨慎小心的选择时从来不会去选择的政府。不能让这类草率的方法让我们在政治上远见卓识及泰然自若的盛名难副,这些是有着迫不急待性情的人似乎可能催促我们采取的方法。

针对有欠考虑的州立法,同样,针对州政府其他部门各自的疏忽和错误,需采取的补救方法不在州的外部,而在州的内部。国会可能闯入并纠正州的错误,将州民众尚未认识到的渴求强加其上,与之相比,州自动纠正错误会更加深入地渗透到州民众的意识之中。他们要么通过如此熟悉、如此本土的程序而汲取教训,这些程序深入人心,以令人信服的力量与民众同在;要么他们将证实这是国内其他州或其他地区所犯的错误,而不是他们的错误,而国家会保有有益的多样性。在任何情况下,他们未能对自身措施进行纠正的事实,都不能证明联邦政府可以强迫他们接受教训。

然而,有些别的事物显露出来,且这在很大程度上解释了为什么我们当前在具有重要意义的全国性问题上对州立法机构感到不满。州立法机关不能够纠正自身的程序,实则证明了在地方政府的结构和运行上存在着一些大错特错的东西——州立法机构已经不再是产生和实现舆论的灵敏、高效的机构了——这是宪制政府真正的功能所在。

  政治上真正汲取教训优于纯粹的改进业务。涉及的一些事务,要比纯粹的联邦体制内立法权力分配问题更为深入。我们涉及了一个假设检测,即我们的原则与实践是否将自治政府的那些详尽细致的程序交付给我们了。有许多证据表明我们正在丧失对于州立法机关的信心,然而,我们正是通过这些立法机关才尝试自治的更详尽举措。对这些立法机关丧失信心,就是对我们的政府体制丧失信心,而这是一个非常严重的问题。正是因为对于地方立法机关丧失信心,导致我们的民众对激进的变革建议给予了太多关注,提出这些建议的人士倡导在立法进程中使用初始权和复决权,导致我们在实质上摒弃了代议制原则,导致我们试图将倡议和否决立法的权力交到选民本人手中——目的是为了让选民能够做一些事情,自选民选择代表作为代理人以来,代表从未让这些事情得到圆满处理。

这种疑虑以及继之而来的改革建议让我们进一步探究这个问题,到目前为止我们还从没有探究过。检查后的结果也许是我们没有对当前州与联邦之间的权力分配真正感到失望,而是对州政府的角色感到失望。如果州政府真的是由人民治理的政府,我们就不会感到失望。我们之所以对州立法机构感到失望,是因为对我们而言,州立法机构似乎不像国会那样足以代表考虑周到的全国性舆论。我们知道我们的立法机构不会持有类似的想法,但是我们不确定我们的民众不会持类似的想法。假如国内几个地区的民众中间存在真正多样化的舆论,而如果我们希望看到这些分歧被一个中央立法机关的多数所践踏,那我们就是民主自治政府的蹩脚情人。希望我们依旧能充分理解政治生活的实际过程,了解一个成长中的国家必须要成长,了解类似政府可以建立在依靠经验而非权威的发展之上这一主张,了解强制的地区是不令人满意的地区,了解自发性是更好的,比强迫的同意更真实、更持久。

真相是我们的许多州政府不再是真正有代表性的政府。其实,我们并不是对地方议会以及这些议会施加影响的政府不满意;我们是对不再具有代表性的委员会及议会所强加的规则不满意。这是一个很大的问题,有着许多值得讨论的部分,这里我只能简单触及这个问题,事实是我们强加给选民一个不可能完成的任务,因为是不能做到的,所以选民不能完成它。我们当前的州宪法要求选民选举出大量人士,这对于任何一个繁忙社区的选民而言是不可能胜任的。这些选民既没有时间,也没有迅速简便的协作手段,能让他们草拟冗长的地方或全国性的职位候选人名单,他们可以遵照这个候选人名单来进行选举。选民有必要将这些选举事宜委托给数名人士来处理,这数名人士出于某种目的,自愿从事这一事务。这些人就是民众听从又倾向于蔑视的政党领袖及政党管理人。在一个拥有无数提名的体制之下,蔑视他们是不公正的。失去他们,像我们这样所谓的普选体制就无法运转。但是,由于他们持续、专门地留意于提名事宜,大众真正地选择候选人便被完全弃置了,事实上,我们州的政府官员与议员是任命而非选举而来的。一场选举的问题只不过是应当任命哪一组受任命者,这些受任命者是由这个或那个政党的经理人、领导人所任命的。无论我们的民众是否清晰地意识到这一点,正是这一点让他们对于各州立法机构的信任严重受损,并让他们四处寻觅在公共事务中能够获得真正选择的新途径。

众议院议员自身是根据地方政党管理者准备的名单投票选举的,他们之所以被任命为候选人,是由于他们在当地所起的作用,但是,因为众议员人数相对较少,他们或多或少都成为全国的观瞻对象。在他们的选举中有着更多的一般利益,这种一般利益让政党管理人受到某种程度的制约与导向。另外,在当选后,他们变成高度组织化、纪律化的议会成员,与这些议员相比,议会中议长的影响力与个性会发挥更加重大的作用。身为全国知名的人物,议长这个领导议员的人几乎同总统一样引人注目,而普通议员则不过是一件大型机械上的齿轮,这种机械以一种地方政党管理人员无从控制的方式来让自身对舆论反应灵敏。整个国家的舆论冲击着这些议员。因此,国民认为无论这些议员是怎样选举出来的,从某种程度上而言,相较于州立法机构的议员,他们更加具有代表性,更取决于针对这个国家本身所提出的考虑周全的看法。

正是出于这个原因,以及同样多的其他原因,州政府与联邦政府之间的权力平衡处于动荡不安中,当前,我们试图通过立法走出经济需求与困局的迷宫，对此，目标与偏好的砝码究竟该投向天平的哪一边，我们对此犹豫不决。结果可能表明州政府所需要的不是削弱自身权力并服从国会，而是让权力沿着更为简化的路线重新组织起来，使之成为真正的大众舆论组织。政府必须组织化，不能让群众无组织体系地任意妄为。政府必须有立法机关，既不能由其选民来立法，同样也不能由其报刊来立法。

把从各州剥夺来的权力移交给联邦政府，对于我们的政治活力而言这是真正的灾难。人们不厌其烦地重申宪法保障国家各地区的单独发展的权力，其实不仅仅是保障单独发展的权利，而且还有更为根本的权利位于其后，即地方舆论的独立权与个人信念的独立权，这让我们政治经济发展的进程有速度、便利、活力与必然性。为了当前几项重大任务的施行有着暂时的轻松与便利，却要付出极为惨重的代价，并会为了某一个目标而欺骗世世代代所有的人。

无疑,联邦政府自创建以来,其权力就得到增长,甚至是大大增加;并且,在多数情况下,这种权力的增长并不需要对宪法进行修订。但几乎在任何情况下都应当将这种联邦政府权力增长的进程视为完全正常与合法的。不能将宪法仅仅视为一份法律文件,像遗嘱或契约那样理解。宪法在必要的情形之下必须是生命的载体。随着民族生活的改变,这个蕴含改变的文件的解释必须依据适宜的调整而决定,所依据的不是这一文件制定者的原初意图,而是迫切的需要与生活的新局面本身。事实与舆论的改变带来的后果是利益共同体的实际延伸、事物一览表的实际增加,这些事物必须包含在法律的一般性术语之下。巨大铁路系统时期的商业,当然不同于马车道路时期的商业,而后一种商业是宪法制定时期人们唯一知晓的商业。不仅是快速列车携带的急件,而且凭借电报与电话,一个国家的共同利益在思想、关注以及行动上都被捆绑在一起,带来较原始时期的人根本无法想像的范围、多样性、无限增加且错综复杂的交织。宪法每一个一般性的术语,都会随着如今民众共享事物的实际变化而拥有一个新的含义。

宪法适应过程的性质首先取决于政治家明智与否的选择,但终究主要还是取决于法院的判决与目标。宪法扩展到覆盖民族发展实际情况的主要手段当然是司法解释——法院的判决。宪法本身条文的规定使正式修改程序是那么的艰难,利用这种程序几乎是不可行的。即使说不上更不严谨,正式修改的艰难无疑也让法院在法律解释中比原本应该的情形要更加自由。整个适应的任务都归于法院,他们带着开放的心灵承担这项任务,有的时候甚至是大胆与些许鲁莽。但是,虽然法院有时候会不严谨,虽然法院有时会屈从于流行风潮与政党利益的压力,但他们没有经常逾越合法延伸的界线。所谓的合法延伸,我指的是不改变联邦权力性质,只是改变联邦权力细目的延伸——并不产生新类型的权力,只是产生新的细节上的权力。实际情况发生了改变,并且被留意到了,但是原则没有发生改变。

法院的法官必定是他们那个时代里的人:我们不会希望他们是另一个时代的人。宪法以及治国才能都必须向前看,而不是向后看,并且,尽管我们应当希望法院是保守的,但如果法院阻止事物自然的变更,我们当然应该深感不安。改变与稳定同样都可以是保守的。保守的改变不是对成见的保守,而是对原则的保守,是对既定目标与理念的保守,这是政府及任何其他领域的行动所能遵守的仅有的内容。保守的进步是一种进步,不是革命,而是改进。在我们自身的情况中,在我们现在讨论的问题中,保守的进步存在于当州政府与联邦政府之间沿着实际发展的路线、沿着重大真实的利益变更的路线与被视作是所有切实改善生命的民族意识的路线,进行缓慢、渐进的修正与职能转移——不是沿着政党的目标或个人的目标路线,也不是徒劳无望地寻求匡正时弊的路径。

无疑,法院必须要为他们的时代"制造"法律,必须具有让法律适于应用的智慧,而不是让法律应用适于法律,有时必须冒险让自身的判决带有一定的政治家风范的首创精神。我们往往会发现自己期待法院作出令人信服的、无畏的判决。但正如英国一位杰出法学家在很久以前所指出的,存在着两种"令人信服"的判决。有一些判决因其见解和智慧的力量而令人信服,有一些判决因其意志的力量而令人信服。后一种凭良知行事、铭记就职誓言的所有法官,应当尽可能地避免违反法律。联邦法院拥有这样的良知,对我们整个国家行动的完善性而言是必不可少的。国民生活利益构成的实际变更,国民意识确实无误的变更、诸如让我们基本法为人熟知的目标拥有一个新面貌、新意义的国家活动的真实修改,这些当然应该纳入到判决当中,增加全国政府必须处置与试图控制事务的数量。这是洞察力与智慧的功能。法院部门需要的勇气是坚信的勇气。但另一方面，人们呼吁他们展示捍卫古老信念、创立原则以对抗政党的喧嚣嘈杂、等级利益、善变情绪的勇气。他们绝不能允许自己在宪法语句当中任意找寻匡时救弊的措施，而联邦政府从未有意处理这些弊病。

将起初留给各州解决的道德问题与社会问题纳入联邦权力领域，只会牺牲各社区的自立与效率，而这些社区构成了我们复杂的国家。父式道德、由华盛顿中心权力强加于人的道德判断与道德选择，除非得到本地舆论、目标、成见与便利的支持——除非得到地方便利与利益的支撑——就不能创造出重要的生活习惯与生活方式；只有能照看自身的诸多社区，聚集一起才能构成一个能采取必要行动与统制的国家。让局部萎缩，整体不可能不萎缩。因为州再也不能反抗或抑制联邦最高法院，所以纯司法权力有意增加了联邦政府的权力，这

195　既破坏了合理宪政体制所基于的法律品德,又剥夺了联邦整体结构的生命力,这种生命力让联邦最高法院本身的权力得以增加。这是衰败的神秘力量。

这必定意味着我们已经有了一个新的政治倾向,即我们对要着手做的事情完全丧失了信心,迄今为止它从未成为我们的特征。我们现在要用废弃来取代改革么?——就像那些由于不再知道如何使用工具而舍弃工具的人那样,我们会因为不耐烦与厌恶而渐渐摆脱我们引以为荣的自治体制么?

一些有希望的迹象出现了,我们可能要回归至以往更好的路线上,那时我们懂得如何根据确信无疑的原则来约束政府,让政府适于应用,但我们满怀热忱地坚守的,是有最佳证据表明具有青春活力的那些原则。长期以来,我们痛苦地意识到在市政问题上的失败。这是一个城市的时代,如果我们不能治理自己的城市,我们就全然不懂治理。有一阵子我们好像陷入绝望。我们开始剥夺市政府的权力,并且将这些权力转移到州委员会,或者移交至州立法机构,非常类似于现在我们剥夺州的权力,并且将这些权力放置联邦委员会的手中。例如,企图将我们一些城市的警察局转交到州政府官员手中,将市特许经营的权力转交到州中央立法机关手中,显然是希望利用整个州的舆论对这类事务进行统一管理,或许可以取代城市中政客的腐败统治。但幸运的是,我们没有花费太长时间就明白自己在错误的方向上行进。我们现在已经转至一个更好的路线上,重新审视市政府组织的全部问题,并且有可能用一代人的时间通过精简来净化市政府组织,通过将政府置于少数几个人手中来提高市政府组织的道德,这些少数人是真正能由公众偏好挑选出来的,而不是政党管理者委任这种隐密过程挑选出来的,并且,这些人由于人数很少又引人注目,能够真正被人留意,并真正坚守所承担的责任,因为他们无所遁形。

当前，希望我们的州政府能领悟同样的启示，并通过重组使其恢复生气，而不要推翻这个因长久使用和全心供奉而神圣化了的古老体制。这样做，不仅因为它是一个人们长期爱戴的古老体制，还因为所有的政治史都向我们证明了这一事实：集权化，无生气。道德教化是通过生活得到的，而非通过法令而得到；通过内在冲动以及社群经验得到的，而不是通过促进性立法而得到，这种立法只是整体国家或国家多个地区实践的抽象总结，尚未触及任何其他地方的思想深处。我们联邦体制的目标，是让全国各地人民都深刻认识宪制政府的协议，在从事的日常工作中让这些协议成为他们意识的一部分。如果不能通过对较老习俗的适当改造来实现对联邦体制的调整，那我们就不是成功的宪法政治家。

第八章　美国的政党政府

为了理解美国政党的组织与运行,我们需要再次将注意力转投到构建联邦政府的理论基础,并且,就这个问题而言,还需要将注意力转投到构建州政府的理论基础。这些政府的构建都体现了辉格党的创造力。在我们成立全国性政府的时候,英国辉格党正以令人瞩目的努力致力于约束与限制王权的斗争。在让我们的政治与英国政治割裂开来的革命之前很久这个斗争就产生了,并且,革命本身只是各处有思想的英国人当中作用着的强大力量的激烈呈现而已。让美国与英国分离的革命,是伟大的辉格党为宪法自由权利而与王权较量的一部分。革命领导者秉持辉格党的教义,大洋彼岸更伟大的辉格党政治家将他们视为同盟,并且给予他们毫无保留的同情,察觉他们所进行的战争迟早都会在英国打响,不论是使用武装力量、选举,还是政治上更为温和的策略。每一个历史学家如今都察觉到,19世纪发生在英国政府的彻底变革,通过领先于美国的变革加速了美国革命的成功并为它提供保障;察觉到美国革命领导者,不过是先于辉格党人在其国内让政府与民众亦即国家的臣民处于一种新的、尽责的关系状态。

在英国,辉格党理论并没有走到力图摧毁王权这样的极端。如果王权位于大洋此岸,是国内的而不是分离、遥远的权力,也许美国也不会走到摧毁王权的地步。美国革命者向故国民众展示的道路,不过是试图利用其他的势力来抵消王权——舆论的势力,经由改革且净化后的议会来行使,议会的同意不仅对制定法律而言是必需的,并且议会领导者的建议对于国王而言也需要注意;司法判决的势力,经由稳定且独立的法院行使。正如我已指出的那样,正是我称之谓牛顿式政府的制衡理论在制定美国宪法的制宪会议上大行其道——它胜过了汉密尔顿极其不同的理论,该理论认为不可以让政府束缚于美好的静止状态,好像它能保持在停滞的平衡状态中一样,而是每天都必须以直接、确定的权力,以明确的目标与持续的影响力进行政策抉择,行使好自身的权力,就像是单一的有机体那样。在达尔文看来这种理论就是关于自然本身、关于人类性质以及动物有机体性质的理论。制宪者受制于自身时代的直接影响与强烈愿望,受制于大论战中的思想与行动,他们发觉自己参与到大论战之中,他们在这一论战中忙于抵制王权,使王权不能随意干涉他们的利益与自由,他们让自身对制约政府更感兴趣,而不是为政府提供活力以保证政府行动所必需的确定性及连贯性。制宪者让立法机关和行政机关相互对抗,让法院和两者相互对抗,从范围和权能上将这三者区分开来,但却要在三者之间达成让政府得以运转的必要协议。《联邦党人文集》作者引以为荣的便是费城会议完美地解释了辉格党理论,并且将辉格党人的动力学完美地融入宪法。汉密尔顿先生的理论,即政府是相互协作的,是和谐的权力,如宪法制定者设置那种同等并列的权力,其危险之处在于它们可能随意从相反的方向撕裂政府,让政府处于僵持状态中,没有其他宪法权力能克服这一僵局,而许多事实即使不会让政府处于危险境地,也会对它造成不便,时代的倾向与环境让公众人物无心留意这种理论。制衡理论是那个时候政府的正统福音。

在将辉格党理论应用到所构建的政府之上,制宪会议最大的成功就是在国会与行政部门之间实现了彻底的分离。英国的辉格党人经过长时间的斗争,将王室在下议院的权力及直接影响驱逐出去,这种权力和影响是通过王室控制议员席位以及臭名昭著的任免权来实现的;取代王室,将下议院的领导人安排在行政机关中,辉格党人只是在这一点上取得了成功。当时英国政府真正的行政权归内阁所有,内阁实际上是下议院的一个委员会,而且立法机关和行政机关在共同的政党组织之下合作共事。内阁只是政党的代理机构而已:内阁在议会中代理政党行事。改革者在上世纪初期让议会与王权分离,最终取得的成功其实并不是立法与行政的分离,而只是真正的行政与名义上的行政相分离。在让国王成为一个现代的"受宪法限制"的君主方面,改革者大获全胜——他是这样的一位君主,尽管依然笼罩于威严之中,尽管由于其身份他依然可以施加相当大的影响力,但君主的个人权力以及他亲临行政部门的决策,只能是"统"(reigns)而不"治"(govern)的。君主根据下议院的命令来选择顾问。但我们的制宪者在这一斗争的初期开始自身的工作,在当时这一斗争似乎只是要争取利用有效制约来对抗王权,在利用代表下议院的行政机关替代非代表下议院的行政机关这一结果变得清晰可见之前,还需要很长的一段时间。制宪者有着自由行动的权力，还有一张待写的白纸，没有什么能阻挡他们实现自己的理想。他们成功地使立法权与行政权处于真正分离的状态。

现实情形也许让制宪者成功实现的分离状态比他们预期的更加彻底。没有理由相信制宪者真的要将总统及其顾问与议会之间进行的所有亲密无间的商议都排除在外。总统及其内阁成员无疑可以列席众议院或者参议院的会议，并加入到他们的讨论之中，这绝对合理合法（legal propriety），并且完全不违背宪法精神，不管怎样，至少他们可以回答询问，解释咨文中在总统看来适于推进的措施，而向国会提交措施是宪法明确授予总统的权力。但是，在华盛顿将军统治早期短暂尝试过这类实践之后，真实的习俗在行政部门和国会之间建立起另外一种惯例，后来，两院对建立这种亲密关系的任何尝试都表现得非常猜忌。行政官员是最不受两院欢迎的人物，国会朝他们紧闭大门。只有零零落落的委员会办公室才向他们敞开大门,并且他们只有在受到邀请时才能够进入。

在之前的演讲中,我已经说明了总统的影响和职能有着显著的发展,在某些方面甚至有着出人意料的发展,我在其中已经指出一个最为有趣且最为重要的结果。这个结果就是:就政府本身而言,这个国家有且只有一种全国性的声音,而这就是总统的声音。总统的孤立相当意外地让他卓而不群。众议院代表着地方,由个体议员构成,这些议员的利益是相互隔离及分散的选区利益,他们实际由议长聚集起来,居于议长的掌控之下,议长除了政党权力之外,不受其他任何全国性的权力控制,政党权力处于政府之外而非居于政府之内。轮到参议院代表的是以诸多相互冲突、形成反差的目标为特征的地区及利益,只能够由外在的政党组织加以统一,并且,一个政党的精神不会从议院本身产生出来。只有总统才能代表作为一个整体的国家,并且,总统只能通过政党的机构和纪律才能够成为两院协作的约束力量,不是凭借他的个人及官职,而是依靠他作为外部组织的一名成员,这个外部组织完全独立于行政机关和立法机关之外。

早期辉格党人的政治动力学理论在我们中间有着非比寻常的影响力,并继而产生了影响深远的后果。这远不是一种民主理论,恰恰相反,至少就其在美国运用的情形而言,它公开宣称的目标是让政府保持在某种机械的平衡当中,其手段是让政府几个有机部门进行长期友好的竞争,而每一部门都旨在代表某种特殊的国家利益。这个理论特别是要阻止全体人民的意见随时具有的畅通无阻的优势。然而,在我们带着让政府更加民主的意图而前行的每一步,都谨小慎微地保留着辉格党人的机械力学。我们州政府的建立过程最为清晰、最为系统地表明了这一点。我们认为促使行政机关在性格与动机上民主化的方式就是权力分立——用成文法规定每一个官员的责任,无论这些责任在性质上是多么的琐屑以及自然而然地居于次要地位,让选民们分别选举出这些官员,让他们不是对任何置于其上的上司负责,而只是对法官负责——因此,让他在面对其他的官员时能自行其是。到目前为止,我们秉持着制衡理论,秉持着政府各机构具有独立性的理论。

这种体制的运行值得更为深入地探究片刻。不久以前,一伙人明火执仗地从我们州的郡执法官处劫走了一个他们深表同情的囚徒。事实非常清楚地表明这位执法官并不曾竭力反抗以阻止劫持的发生。他有理由预见这一行为,但没有为他的囚徒配备足够多的武装警卫。这个案件是如此臭名昭著,该州州长给执法官写了一封申斥的信件,非常公正地对其玩忽职守的行为进行了谴责。执法官以一封公开信作为回复,他粗鲁地盼咐州长管好自己的事情。他称执法官是所在郡的公务人员,对其选民而不是州长负责。执法官的无礼是法律本身的无礼。针对执法官,州长不会比一名最年轻的公民拥有更大的权力。执法官只对自己所在郡的民众负责,这些民众与从他那里带走犯人的一伙人处于同一地位。只有起诉和审判才能将执法官绳之以法——起诉由地方检察官经大陪审团提起,检察官由与执法官相同的"投票"选出,而陪审员则曾为执法官投赞成票,并且,审判由执法官的邻居组成的小陪审团进行,可以从事实中推测出这些人对劫持抱同情态度。这就是辉格党关于政府的独特推理的力学,这是一种摇摆不定的政府。

政府只有通过外部的政党权威,通过外在且独立于政府的组织才能团结一致,并且形成制度。我们的宪法没有提供任何制度让它团结一致,相反却通过辉格理论制定而成的法律让它四分五裂,处于一种分崩离析的相互猜忌状态,有必要通过外部的压力,通过细致、必要的政党纪律让政府各部门之间维持某种可以运转的联合状态,政党没有构成上的裂隙,通过系统地控制全体政府部门的人事安排,可以随心所欲地让自身投入立法与行政职能当中。

幸运的是,联邦行政部门并不像各州行政部门那样分散成诸多组成部分。州行政部门从上到下都处于分散状态。州长没有内阁,在行政管理中,与州长相关联的行政官员同州长一样是经过选举而产生的。每个人都认为他的权力源自制定法或州宪法的特定条款。各自在政治上向自己的选民负责,向州的投票人负责;在法律上都向法院及陪审团负责。但是联邦政府的行政权力至少在内部是一个整体。每个隶属总统的人都由总统任命,对总统负责,既承担法律责任,又承担政治责任。总统能够控制以他为首的整个巨大政府"部门"的人事与行动。辉格党的教义只是强调立法机关如何同行政机关打交道,立法机关或行政机关如何同法院打交道。这三个伟大的政府职不能合并,甚至不能形成有机的合作,而是要彼此之间达到平衡,形成一个安全的均衡状态。政府各部门间相互依存,但却是有机分离的;他们必须合作,但却不能服从任何一个共同的权威。

联邦政府各部门单独组织起来的方式,让各部门有效履行自身职能的方式,只是加剧他们之间的分立与充满猜忌的独立性。在委员会与强有力议长之下的众议院有效组织,在指导委员会之下的参议院组织,在总统权力之下的统一的行政部门,只是让政府各部门在计划与管理公共事务时,过于在意自身独特的个性与尊严,要求单独考虑、各别服从,这些行事方式都变得更加方便与可行。政府各部门没有要求领导与联合的紧迫感,并且宪法没有规定任何机制来领导及联合政府各部门。

正是由于这个缘故,政党权威才在美国有着这样非同寻常的发展,并在政府之外生长出如此精密、有效的政党组织。将无系统、分散的事物联为一体,并且让政治力量的行动具有某种连贯性,就此而言政党是必不可少的。正如我在另一处已经解释过的那样,民选官员的数量如此之多,对于忙于其他事务的人而言,即使是候选人名单的准备工作都令人不堪重负。必须要有人以此为业,必须要让这一工作拥有体系和方法。每个人都对寥寥几个官职的少数候选人感兴趣,选民自身在个人事务的间隙也许会做出选择,但是,他们不能就众多大大小小公职的候选人进行选择,并且,在候选人当选并执政以后依然人数众多,为了在他们应当被评判的时候能够得到评估,必须要有人在他们履行职能时予以监督,在他们行动时仔细留意。每个官职都有自己小范围的合法领地,它们之间没有关联性,没有一个内部组织可以将它们联为一体。因而,必须要有一个自愿形成并独立于法律的外在组织,其目标应是以某种协调与合作的方式将这些官职联为一体。这种外在的组织就是政党,政党官员的层级结构必须代替依法构成的官员层级结构。

其他任何地方都不像美国那样,仅仅维持政府机构的运转都是如此复杂与困难的事务。就像是不仅需要维持一个单独的政府并为之配备公职人员一样。州、郡、镇、市有着不计其数的公职需要填充;政党只有通过选举,通过填充公职人员,才能检验并维持它们对舆论的掌控。政党对于国家舆论的掌控不可避免地取决于对构成国家的各个地区的掌控。如果政党在影响郡、市、州的日常生活的细微选择上失去掌控,他们必然会在更为重大的问题上失去掌控,这些大问题是国家行动的构成部分。政党获得它们的连续性与威望,它们的根基与坚固性,它们对于人员与事件的控制,都源自他们对细节的掌控,它们掌控的小海浪终究会在国家行动的大航道中推波助澜。没有人能比政党领导人更加全面地认识到市选举、州选举以及联邦选举之间的依存关系。各政党不能在一组选举时是一种存在,而在另一组选举时又是另外一种存在。政客任务的复杂之处就在于,虽然从他的立场来看各选举都是相互依赖、紧密关联的,但是在一个人人都依靠选举而产生的体制之下,频频举行的选举在时间、地点以及目标上都是支零破碎的。

我们苦心孤诣地使地方选举与国家选举在时间上区分开来,从而在本质上区分两者。将特定市、郡以及州的选民召集起来投票所针对的许多地方性问题,与国会议员及总统的选举人应当围绕的全国性问题,无论是在原则上还是在目标上都无关。选民在地方性选举中应当可以自由选择一个政党的候选人,而在全国性的选举当中选择反对党的候选人,这在观念上是可取的。更为可取的无疑是选民进一步将地方行政与对政党的选择完全分开,根据候选人作为个人的优点进行选择,而不要考虑他们的党籍。我们做出很多努力,满怀希望能得到"非党派"的地方政治行动。然而从长远来看这类努力常常归于失败。地方性的政党不能出于一个目标成为一种事物,而在完全不用舍弃它的形式与原则的情形之下出于另一个目标则变成另一种事物,变成一种毫无希望的流体。地方性的政党不能在此时为了一个目标,在彼时为了另一个目标而建立与重组,或者为了一种选举而成为某物,另一种选举时变为其他某物。地方性政党的本分工作除非能得到就地的培训与不断的演习,他们的组织在投身全国性大选的事务的时候才能戮力同心。为了全国性的目标,地方政党必须将自身视为更大整体中的一部分,并且,如果地方政党仅有的目标遥不可及,而总体的目标又缺乏本地根基与实例,在我们这样的体制之下,地方政党不可能对自身事务保持热情与兴趣。作为对忠于当地的奖励,作为那些为党组织奉献自身的时间与精力的可见、有形的目标,作为在为了全国性的目标而让政党的局部都联合起来时能够全力以赴投入党内投票工作的可见、有形的目标,地方官职对于政党纪律而言是不可或缺的。要是全国性的政治不只是成为一个随意性的游戏,身处其中的政党无从做出预计,那么地方与国家公共事务之间系统、有条理的联系就势在必行了,必须找到能够创建这种联系的某种工具。无论政党组织有什么样的缺陷与弊端,在我们既定的选举安排之下,它们必不可少,对让政党各部分协调一致而言尤其必不可少。如果地方的多数聚焦的基础不具有党派性,那么没有政党的领导人能够将地方的多数拼凑成全国的多数。如果没有掌控当地的提名,那么没有政党的领导人能够让他们助理人员尽职尽责。助理人员并不期待全国性的回报:对他们而言当地机会的根基才是至关重要的根本。

正因如此,世界上没有任何一个地方像美国那样拥有如此复杂多样的选举机构,拥有如此精巧且必要的政党组织。记住这一点很是重要,否则我们在分析政党活动的时候将犯一种很常见的错误,即认为是在分析社会弊病。其实,如同其他的政治发展一样,整个事情既寻常又自然。政党在这个国家所起的作用既是必要的,又是有益的,而且,如果政党领袖及政党隐秘的管理者通常都是些不受欢迎的人,所起的作用都是为了自己的利益与荣耀,而不是为了公众利益,这些人至少是国家这棵树上自然生长的果实。这颗树上结出的果实,或好或坏,或甜或苦,或健康或腐败,都产自我们的环境与实践,只有整个体制发生改变,才能让这颗树连根拔起。

美国政党政府的所有特性,都是由于过于刻板地应用辉格党教义,由于选任官员的数量无限制增长。有两件事情需要完成,但我们没有提供足够的法律机制或宪法机制:需要选出成千上万的官员,需要引领政府相互分离的诸多部门进入合作状态。"可以提出一则政治箴言:无论给予民众什么样的权力,当民众天生不能行使这种权力时,其实就剥夺了他们的这种权力。"民众在我们的宪法与成文法之下有权填充无数选任官员。民众没有能力行使此项权力,因为他们既没有时间这样做,也不具备必要的协作行动的手段。因此民众的这项权力便被剥夺了，不是因为法律，而是环境使然，而这项权力被移交给那些既拥有时间又愿意提供必要组织机构的那些人。选举体制转化成一种几乎不承担责任的官员任命体制，这种任命是由非官员的政党领导人作出的——不承担责任是因为我们的法律尚未设置任何能让这种体制担负责任的方法。同样可以提出一则政治箴言：根据组织法，当政府几个主要机构相互分离，在小心守护的隐蔽之处相互抵销，没有共同的合法权威置于其上，没有必要的利益共同体存在其中，没有共同的起源与目标支配着它们，如果这些机构真要联合在一起，就必须由外在压力迫使它们联合起来；并且，如果政府要运转下去，他们必须联合起来。这些机构不能一直处于相互的制衡状态，他们必须行动，而且要共同行动。因而，或出于自身的意志，或出于纯粹的必要性，他们必须服从一个外在支配者。

官职是分散的，职责与权力也是分散的，这两组分散联合产生了我们的政党与政党组织。政党的党团会议、郡代表大会、州代表大会以及全国代表大会取代立法机构以及内阁,为达成协议和相互合作提供了不可或缺的手段,且在政策与人事两个方面控制着这个国家的政府。地方政党的管理者草拟了冗长且鱼龙混杂的候选人名单,这在我们自称的民主实践中是有必要的;党团会议和地方大会认可了这一选择,州和全国的大会又增加了原则的声明与政党政策的确定。只有在美国,政党才由此成为一个在正式政府之外的独特权威,通过政党独立又特殊的组织来表达自己的目标,并准许政党决定国会应当承担的工作及国家行政部门着手处理的工作。其他每个具有代议性质且努力让政府行为适应于人民的愿望与利益的政府,从某种意义上而言,其政党组织与政府本身的组织难以区分开来。政党认为其根本立足点存在于国家的立法机关和行政机关。为了一个共同的目标,政府几个活动的部门在组织上紧密地联合在一起,因为他们都处于共同的指挥之下,并且自身就构建成政党控制机制。政党不需要在政府之外为自己提供独立的自身组织,不需要有意为政府提供政策指示,因为这种独立组织是不必要的。负责任的政府组织同时也是政党公开承认的组织。舆论公开、直接地对政党发生作用,而不必迂回又隐密。

我们在"政客"与"政治家"之间进行区分,有趣的是人们发现这种区分的结果为我们自身所独有。其他国家也会使用这些词语或者与它们意义相当的词语,政治家与政客只是在能力与程度上存在区别,政治家作为公共领导与政客处于同一舞台,不同之处在于政治家是一个更加了不起的人物,然而,对于我们而言,政治家与政客在性质上有所不同。政客是政党组织的管理者,政党组织位于政府这个开放的领域之外、位于行政办公室和立法议会厅之外,将政党的命令传送给公职承担者并制定法律;而政治家是舆论的领导者,是行政政策与立法政策的直接主管(在政客之下)、是外交官、是普遍接受的公务人员。其实,政客经常担任公职且尝试扮演政治家的角色,虽然这些角色可以结合在一起,但是他们之间依然清晰可辨。在英国,多数党实际上掌控整个立法机构,通过运用政府本身来决定政党纲领——他们的领导人同时是"政客"与"政治家"。并且,由于职能是公开的,政治家更有可能取代政客。但就我们而言,如果能利用宪法障碍进行阻拦,我们倾向于绝对不允许多数党获得对政府机构的完全控制权,政党纲领是在议会两院之外的代表大会制定的,代表大会是在自主的政客指挥下构成的——至少就此项功能而言,我所谓的政客独立于政府机关及公共行为的责任之外;而且,这些独立的代表大会并没有担负着执行纲领的责任,事实上却规划着行政机关的政策,指示着国会的行动。不承担责任的命令承担责任的,正因如此,这可能会毁坏责任本身。"美国政党政府的特殊性,归根结底都在于让政党管理与政府管理的直接责任相分离。"

管理政党事务的权力一定要带来相当大的满足感,才能吸引众多有着非凡才华的人来尝试这种危险重重却名声不佳的事务。我们有必要拥有"政党领袖",并且这些领袖及他们的助理人员有必要通过委任而授予官职,但他们所从事的事务是非常艰难且飘忽不定的。政党事务的难度与危险性,不仅由于它不符合公认的规则,只是部分地受到法律保护,而且还由于民众以怀疑的目光看待它,经常突如其来地厌恶并搅乱它,倾刻之间就让政党事务变得无法完成。偶尔爆发这些不满与怨恨的原因显而易见、不胜枚举。在我们既定的政党机制下,其实民众完全不可能支配官员的提名,不可能支配候选人的选择,他们被隔绝于自治这种真正代议制度的运转之外——民众一本正经地参与到一个闹剧当中,当他们恰巧对此有所察觉的时候,不满与怨恨就产生了。然而民众的反抗仅仅是断断续续的。改革联盟应运而生，五十人委员会、七十人委员会或百人委员会产生了，它们要让事务恢复正常，让政府重回民众手中。但人们总能发现，如果不像职业政客那样苦心孤诣，不像职业政客那样倾注时间与热情，没有人能够成功取代职业政客精心设计的机制；如果人们不像职业政客那样形成足以胜任的竞争性组织，密切关注整个选举的复杂进程以及政党纲领，简而言之，如果人们不能转而成为职业政客的话，就不能取代这些政客。辉格体制运行的反常之处在于它既让政党组织必不可少，同时又让它声名狼藉。考虑到我们慎重做出的法律安排，用坏名声来抑制职业政客应当说是严重违反宪法精神的。

州、市拥有地方政党领袖，而全国性的政党领袖既没有可能，也没有必要，因为联邦官职的授予并不是通过选举而分配的。一般而言，地方政党领袖控制国会议员的当选，因为国会选区是地方性的，国会议员是由地方投票选举的；然而没有总统的首肯，地方政党领袖不能控制联邦官职的授予。出于同样的原因,如果总统愿意,他能够利用巨大的任免权成为全国性的领袖,将少量的地方官职作为礼物赠予地方的政党领导者,作为支持、配合总统指导、控制政党的回报。总统的任免权涉及美国的每一个社区。通过将政客的艺术和政治家的职责结合起来,使用任免权能让总统扰乱其所在政党地方管理者的计划,甚至能够控制他们,并且这大大有助于总统建立完全的个人统治。总统甚至可以打破政党界线,让各政党朝着自己设想的联盟聚拢。正是与政党界线背道而行,我们的国家公务员法才得到了英明的指导。

但是,真正对总统构成约束的是其显要位置,以及舆论会让他尽职尽责地行使任免权这个事实。地方政党领袖通常籍籍无名。对于绝大多数选民而言,他们完全不为人所知,而且他们的愿望就是尽可能不引人注目。他们在大多数情况下根本就不是公职人员,绝对不可能仅凭选举程序就让他们担负起责任。但是,总统的委任是公开的,并且总统基于宪法授权单独一人对这种委任承担责任。即使在没有行为准则的地方,这种公开的职责都会令人持重自制。许多人为了服务于自身的利益,会在隐蔽的政治安排中肆无忌惮,但对于已知将单独承担责任的每一个行为,他们都会小心谨慎,考虑周全。需承担责任的委任总要好过无需承担责任的委任。需承担责任的任命在详细审查之下做出,而毋须承担责任的任命则是由个人在私下里进行的。

政党统治的机构在名义上是代表制的。人们认为政党运行的几种会议及大会都由政党选民选择的代表构成,代表替选民发言,对选民需要与期望的东西具有一定的了解。但这里要再次申明,选民自身的行动只不过是有名无实的。在所有的一般情形之下,代表名单是由政党管理者随意拟就的,同意入选的候选人名单同样也是由他们随意拟就的。法律已经为我们的选民规定了选择官员的义务,在这种规定之上增加实际选择代表的义务，只能让选民的任务变得益发不能为之，并且在试图履行这种任务时，令他们徒增困惑。在选举进程中出现难题时，总是有竞争的代表团体可供选择，于是负责政党事务的管理委员会——郡委员会、州委员会或全国委员会——能够指定哪一个竞争中的代表团体能得到承认，哪一个能够获取他们的信任。正是出于这一需要，我们将政府的职能移交给外部政党。我们让选民承担着没有希望的任务，所以这个任务是不可能完成的。

然而，即使作最乐观的估计，政党对政府实施的控制也是不确定的。由于政府几个机构之间的分权仍起着阻碍作用，对于选民或者居于管理地位的政客而言，实施的控制几乎就是推测政党领导人的建议是什么，承诺会做什么。政府仍然处于不断变化之中，没有什么能够变得明朗。但我们可以庆幸自己既达到预期目的，又让我们的政治联合统一。如果我们没有构建这种非凡且总体而言高效的机制，在平时能设法将政府的人事与政策结合在一起,那我们将处于放任自流的可悲境地,时常被迫猜测我们的政治路线应当如何。

另外,政党的另一种用途使得它全面组织起来,并在我们之间普遍、有效地发挥作用,这种用途至关重要。显然,如果没有政党,全国选民几乎不可能团结一致,就国内问题形成真正的全国性的判断。在一百年或者更多的时间里,我们都处于国家形成的阶段,伟大的政党所产生的国家化影响,其重要性是怎么说都不为过的。在我们这样一个如此多样化的国家里,有着处于每一个发展阶段的社区,它们由于强烈的经济与社会差异而四分五裂,各社区有着自身的问题与条件,这些问题与条件似乎让它们具有独立的利益,非常难以同其他的利益联合起来,充满激烈的对抗,到处都被根深蒂固的偏见拦腰截断,若没有训练有素的政党工具,全国性的舆论与判断便无从提出及执行。训练有素的政党在全国将其组织扩展成紧密的网状结构,且他们永远把对官职的渴望以及把对官职带来权力的欲求当作决定性的动机——所有选民都能理解这个动机——无论单独划分与分开行动的诱惑是什么,在地区之间舆论和方案上的协议,与各政党反对地方利益与地方偏袒的结论性意见差不多。如果地方政治与全国政治长时期处于分裂状态,这种情况将不可能发生。

我们的政治研究者并不总能充分认识到政党在构建国民生活中所起的显著作用,倘若没有这种作用,国民生活会放任自流、各行其是,几乎在明确一致性与共同的目标上都处于无组织体系的状态。在某种意义上,政党可以说是我们真正的国家。不是国会的权威,不是总统的领导权,而是政党的纪律与利益让我们联合在一起,让我们有可能形成且执行全国性的计划。极端的经济差异标志着国家不同地区的发展程度,各地区意识到的利益差异,甚至是意识到的竞争与冲突都使得它们之间的共鸣变得有瑕疵,事实上使它们相互之间产生敌意的可能性非常大。不仅如此,社会差异同样也很显著。毋庸置疑,这些社会差异建立在经济差异的基础之上,但是,社会差异比纯经济差异所造成的创伤要更深一些,并且让真正的共鸣变得反常,让地区之间互补有无的自发合作变得极其困难,在缺少政党纪律的时候,让这种合作的可能性变得微乎其微。每个人都会想起内战前南北部的社会差异——当然,这种差异是由南部奴隶制的存在而引起,许多其他的影响加剧这种差异并使其变得复杂,真至这两个地区的政治合作最终成为泡影。然而直到战争爆发,既没有排外的南部政党,也没有排外的北部政党。在战争以前,每一个全国性的政党都忠心耿耿地坚决拥护北部和南部,似乎没有意识到需要阻止友好合作的地区界线。在全体政府的政策安排中,一个地区特定的利益需求与自身目标保持了适当比例的影响,为的是保护该地区,此外,当这个地区能够说服同伴作出让步、让自身渴求摆脱当前的政治隔离、在全国性的政党商议中保持其代表性时,还要采取更多孕育于这个地区自身利益中的这类措施。

拥有奴隶制的南部地区与没有奴隶制的其他地区之间的差异是最尖锐、最危险的,我们的历史已经揭示出这一点,但是,在我们的公共事务当中,由于利益与观念上的分歧而恶化的其他危机几乎同样深刻。在外国势力占据密西西比大峡谷南部的所有期间里,阿勒格尼山脉另一边的社区对大西洋沿岸社区所怀有的感受,平原地区的社区对于东部地区的社区所怀有的感受,似乎是觉得他们对自己的发展心怀妒忌,更加喜欢工厂主的利益而不是农民的利益。矿区的社群针对商业地区以及所有旧秩序地区的感受,是觉得他们从自己这儿获取了财富,但是不懂得或不尊重矿区社群在地方管理及自治事务中的渴望。建立准州的环境以及锻造州的热度——这些都是我国历史上的困境与险境,而政党的网状组织是如何着手处理并打破争夺与妒嫉的无休止的紧张状态,就像是温和的油的隐形网状组织覆盖于杂乱无序的海水之上,这不啻为一个奇迹。

正是在这个至关重要的意义上,全国性的政党成为我们真正的国家。正是自私的冲动让全国性的政党可供使用,正是利己主义的上演让全国性的政党卓有效率。处于组织状态是全国性政党的力量之源。组织状态给他们带来的奖赏有:地方官职、控制各种官职的授予、详尽控制舆论、敏锐地掌控处于发展与延伸状态的权力。全国性的政党在争取其他东西的时候,都不会像争取紧密协作的组织和行动那样持之以恒、小心谨慎,这些可以让国家处于全国性政党的掌控之中。

但是,国家化的进程已经日暮途穷。年复一年,地区之间的差异变得不再明显,利益冲突变得不再严重,不再令人感到不安。我们不再需要政党组织只是完成基本的任务:使政府机构团结一致,或给予政府机构某种共同目标或某种单一协作动机的支撑。我们可以放心从细节上检查政党的网络组织,在不危及政党力量的情况下改变其结构,这个时刻已经来临。政党曾为我们作出巨大贡献,但如果我们听任其不负责任,如今它很可能会掌控我们。我们必须努力使政党担负起责任。

我已经解释了政党组织在何种意义上而言以及出于何种充分理由而言是不负责任的。政党组织任命我们选任的官员,而我们并没有选举这些官员。改进政党组织最大的障碍,让政党组织服从舆论、让独立的反对党可以调控政党组织最主要的障碍,在于我们怀着一种崇敬之情看待政党组织。政党组织在危机时刻让我们联合起来,它赢得了我们的赤胆忠心。由于共和党要"挽救联邦",无论共和党的政策是什么,无论它距离原初声称或从事的任何事情如何遥远,在危机时刻,国家多个地方以共和党方式行事的人士,在他们相信任何一个"绅士"或爱国者都能够放弃或背离共和党之前,整整一代人的时间过去了。由于民主党主张州权,主张在民众当中自由分散权力,由于它曾努力避免战争并且保留各地区之间古老的融洽,国家其他地方具有相同感受的人士,也同样认为有教养、有原则的人对民主党置之不理或以其他政党组织的方式行事是不可思议的。这种感受一直持续到两党之间区分的界线变得既呆板又虚伪时才结束。不过,感受随世代的变化而变化,如今我们开始重新将政党视为进步行动的手段,视为新时代处理公共事务的工具。感怀过往对我们而言已不再占据主导地位。我们愿意研究政党的新用途,并且让政党适应于新的标准与原则。

如果变革将要发生,变革的原则应当从这些问题里产生出来:我们是否受够了将辉格党理论教条地转化到实践及宪法当中?我们是否真的准备好了让立法部门与行政部门而不是政党成为国家?如果答案是肯定的,我们必须少考虑一些制衡,多考虑一些权力协作,少考虑一些职能分立,多考虑一些综合行动。如果答案是肯定的,对于选民被召集起来所做的事情,我们就必须减少其数量与复杂程度,让选民的注意力集中在他可以使其承担责任的少数人身上,集中在他可以轻易聚焦的少数目标之上;通过彻底简化期待选民留意的事务,让政党成为他们的工具而不是主宰。

对原则或计划的每一种检测都要返回到我们关于宪制政府最初的理念上来。我们的目标是要拥有真正有代表性的制度,每一个关于政党的研究都要反复思考这个目标。宪制政府只有在这种时候才是至关重要的:在公共事务的每一个峰回路转处,治理者与被治理者之间新颖、诚恳以及易于获取的协议都能够让政府焕然一新。只有真正的共同商议才能让宪制政府得以维系;只有真正有代表性的制度才能获得真正的共同商议。懂得自身的思想倾向且能够得到真正的代表来表达这些思想倾向的民族,是自治的民族,是宪制政府熟练的主人。

图书在版编目(CIP)数据

美国宪制政府/(美)威尔逊(Wilson,W.)著;宦盛奎译.—北京:北京大学出版社,2016.2
ISBN 978-7-301-26485-0

Ⅰ.①美… Ⅱ.①威… ②宦… Ⅲ.①宪法—基本知识—美国 ②国家行政机关—基本知识—美国 Ⅳ.①D971.21 ②D771.231

中国版本图书馆CIP数据核字(2015)第262274号

书　　名	美国宪制政府 MEIGUO XIANZHI ZHENGFU
著作责任者	〔美〕伍德罗·威尔逊　著　宦盛奎　译
责任编辑	柯　恒
标准书号	ISBN 978-7-301-26485-0
出版发行	北京大学出版社
地　　址	北京市海淀区成府路205号　100871
网　　址	http://www.pup.cn　http://www.yandayuanzhao.com
电子邮箱	编辑部 yandayuanzhao@pup.cn　总编室 zpup@pup.cn
新浪微博	@北京大学出版社　@北大出版社燕大元照法律图书
电　　话	邮购部 010-62752015　发行部 010-62750672 编辑部 010-62117788
印　刷　者	北京中科印刷有限公司
经　销　者	新华书店
	880毫米×1230毫米　32开本　10.125印张　119千字 2016年2月第1版　2024年9月第2次印刷
定　　价	49.00元

未经许可,不得以任何方式复制或抄袭本书之部分或全部内容。
版权所有,侵权必究
举报电话: 010-62752024　电子信箱: fd@pup.pku.edu.cn
图书如有印装质量问题,请与出版部联系,电话: 010-62756370